小学館文庫

食というレッスン

岸本葉子

JN266598

小学館文庫

contents

Introduction 4

Lesson 1 健在！ 江戸の心意気 25
久兵衛 28／ふべ家 36／銀座天國 44

Lesson 2 地方に食あり、文化あり 53
青柳 56／味 らく山 ほか 64／天龍寺 篩月 76／
あつた蓬莱軒 神宮南門店 84／ひろや 92／赤坂 潭亭 100／つば甚 108

Lesson 3 ごちそうな空間 117
TERAKOYA 120／ローストビーフの店 鎌倉山本店 128／
葉山 日影茶屋 136／アッシュ 144／アルポルト 152

Lesson 4 進化する街、進化する料理 161
松栄寿司 164／赤坂 四川飯店 172／トゥーランドット 游仙境 180／
溜池山王 聘珍樓 188／シェ・ワダ御堂筋 レストランSimpei 196

Review 1
素材のはなし 203
ワイン／香辛料／粉／肉／直送の魚介／島野菜

Review 2
風土のはなし 219
水／川と信仰／禅寺の食事／和菓子／中国茶

Review 3
仕事のはなし 231
手仕事へのこだわり／秘伝のたれ／職人技の丼物／江戸の流儀／魯山人の遺したもの

Review 4
場のはなし 243
贅沢な個室／ステイという楽しみ／くつろぎのサイズ

まとめ 251

本文中の料理内容、コースなどは基本的に取材時のものです。詳しくは、各店舗にお問い合わせください。

Introduction

はじめてお鮨屋さんに入ったのは、いつですか？

振り返ってみたくなるできごとが、出張先であった。

「できごと」と言うのは、おおげさかな。仕事仲間と入った鮨屋で、聞いたひとこと。

ちなみに、なぜ鮨屋だったかといえば、どんな店があるかもわからぬ、不案内な町では、ご飯と魚には必ずありつけるお鮨屋さんが、まあ、無難だろうとなるのです。

さて、その店で、私たち四人が入ると、カウンターにはひと組の家族連れが、すでにいた。小学校に上がるか上がらないかの男の子を、まん中にして。

その子が、板前さんに向かって元気よく、

「僕、甘海老《えび》！」

おしぼりを使っていた私たちは、うっと手を止めてしまった。海老ください、ではない。甘海老ですぞ。

自分がそのくらいの年の頃は、甘海老なんてものが存在するのを知らなかった。甘海老も牡丹《ぼたん》海老も鞘巻《さいまき》もなく、海老とは、ただ海老だった。

しかも、生ではなかったなあ。ゆでて開いてのしたような、紅白のが載っていた。そもそも鮨は、店ではなく、うちで出前をとって食べるもの。それも、しょっちゅうではない。お客さんが来たときにだった。

「握りの上《じょう》をひとつと、並を四つ、お願いします」

電話口で母が注文するのを耳にし、「並って何？」と大きな声で聞いて、「しいっ」と指を口の前に立てられたことも。

鮪《まぐろ》の赤身、何かの白身、ゆでた海老、卵焼き、それにかんぴょう巻きとカッパ巻きが、二つくらいずつ。

上はお客さん用で、そっちにだけ、イクラがついていたりした。

男の子がいた店を出てから、知らない町の裏通りを、楊枝《ようじ》を使いながら歩きつつ、ひとしきり「わが外食の歴史」談義になった。

「鮨屋に入ったのは、社会人になってからだよ」

「昔は回転寿司がなかったですしね」

「店で食べるようになっても、最初は、上とか並とか決まりものばかり頼んでいたな。出前の頃の名残かな。お好みだと、値段がわからない、おっかなさもあって」

「カウンターで、板前さんと差しで食べられるようになったのは、三十過ぎてからだったよ」

皆の話を総合すると、「鮨をカウンターで食べられるようになる」というのが、外食におけるひとつのエポックというか、大人への通過儀礼であるようだ。

鮨から広げて、私の食の変遷を、たどってみると——。

それを語るには、時代や出身地などの基本状況をあきらかにしないといけないですね。一九六一年、神奈川県鎌倉市生まれ。父は会社員。核家族でした。

地方で、三世代同居という環境のもとで育った人の中には、「おばあちゃんに、おねしょの薬だと言って、カエルの黒焼きを食べさせられた」みたいな、土着的といおうか、なかなかユニークな食の体験を持つ人が、同世代にもままいる。

神奈川県だと、まあ、ふつうにスーパーマーケットに売っているものを食べていた。父は東京の会社に通っていて、親戚も東京にいたため、いただきもののお菓子なんかは、そこそこ都会的な香りのするものが、流入していたと思う。凮月堂《ふうげつどう》のゴーフル、ユーハイムのバウムクーヘン、泉屋のクッキーなど。

ふだんの食事は、もっぱら家で。母親の作るものを食べていた。

日曜には家族で外食、という行動パターンは、一般的でなかったのです。ファミレス、ファストフードといった、子どもを連れていける場所がなかったためもあるでしょう。

高度経済成長がはじまっていたとはいえ、日本人の暮らし全体がつましかったし、一ドル三百六十円だったせいもあってか、食のバリエーションそのものも、今よりずっと少なかった。

後年、父をイタリア料理店に連れていったとき、感じました。

父は接待の関係で（接待される側ではなく、する側の仕事で）、当時としては、そこそこいい店に行く機会はあったようだけれど、洋食ならたとえば東京會舘や帝国ホテルのフレンチであり、日本でイタリアンについてはちんぷんかんぷん。

「そうか、日本でイタリアンが一般的になったのは、たぶんバブルの頃で、父が現役だった時代には、ティラミスなんか、まだなかったんだ」と実感したほど。

お店のものを食べる機会は、たまにあった。日曜の昼などに、父が母に楽させようと思ってか。

でも、もっぱら出前であって、食べる場所は、いつもの卓袱台《ちゃぶだい》だった。

宅配のピザなんかは、ありません。近くの蕎麦《そば》屋から。もりやざるより消化にいいというので、きつねやたぬきなど、温かい蕎麦だった。

ラップなるものはまだなくて、木の蓋《ふた》をかぶせてありましたよ。丼《どんぶり》のふちにちょうど合う大きさの。繰り返し使用によってか、漆はたいがいひび割れて、ふちのところは剝《は》げていた。

届いたときに、蕎麦はすでに汁を吸い、全体にふくらんでいる。懸命に箸《はし》を動かすが、食べる速度が、汁を吸収するのに追いつかず、食べれば食べるほど、丼の中の量が増えていくような錯覚にとらわれた。

歯ごたえは残っておらず、噛《か》む前から、唇の圧で切れてしまう。

そういうのが蕎麦だと思っていたから、大人になって、年長のおじさんたちが、蕎麦専門のグルメガイドを読んだり、更級《さらしな》だ一茶庵《いっさあん》だと論争したりするようすに、

「蕎麦、蕎麦って、何であぁ騒ぐんだろう」

と首を傾げたものである。

空腹を抱えていた学生時代は、駅の立ち食い蕎麦に入ることもあった。小田急線の駅の箱根そばや、京王線の駅の深大寺《じんだいじ》そば。沿線で青春を過ごした人なら、誰でもお世話になったことがあると思います。

今も、ときどきそのての店の前を通り、「茹《ゆ》でたての本格派！」などと、れいれいしく染め抜いた幟《のぼり》がはためいていると、

「打ちたてをうたうならまだしも、蕎麦が茹でたてでさえなくて、どうする」

と笑いそうになるけれど、子ども時代の出前では、その「茹でたてでさえない蕎麦」を、食べていたのでした。

ラーメンをはじめて味わったのも、出前です。

近所の家で過ごしていたら、お昼どきになったので、とってくれた。

やはり、麺《めん》がただふくらんでいく印象でした。日本蕎麦にしろラーメンにしろ、麺類を出前するところに、そもそもの無理があったのだが。

そんな体験から、総じて「お店のは、あまりおいしくないな」と。夏休み、従姉妹《いとこ》が泊まりに来たときに、彼女らとともに、父に不二家《ふじや》のパーラーに連れていってもらい、ペコちゃんサンデーを食べるのだけが、店において至福の時を味わう、例外的なことでした。

小学校の頃だったと思う。父が仕事の関係で、カップヌードルをもらって帰ってきた。

インスタントフードとの遭遇です。

新発売のラーメンで、鍋で茹《ゆ》でずに、お湯を入れるだけでいいのだと。

たまたま父が早く帰ってきた日だったので、夕飯に、早速食べてみることに。

説明を熟読し、カップの蓋のシールを、点線まで注意深くはがして、お湯を注ぐ。

固唾《かたず》を飲んで待つこと三分。

「三分経《た》ちました」

時計と睨《にら》めっこしていた母が、おごそかに告げる。

蓋をとって、かき回し、すすった感想は——。

蓋をはがした後の、容器の歯ざわりが、妙な感じ。発泡スチロールを、容器として口でさわったのは、そのときがはじめてだ。

卵焼きか？「のりたまふりかけ」に含まれる黄色い粒々に似て、粉っぽい。乾燥肉からしみ出してくる味が、スナック菓子を思わせる。

麺は、出前のあの、ぬるくのびきった麺に比べたら、熱々のぶんだけ、いいような。それまでにないものだから、おいしいかどうか、にわかに判断がつかなったが、家族の評価を総合すれば「思ったより、悪くない」。

化学調味料のせいもあるでしょう。あれは、はじめての舌には、強烈な旨《うま》みを感じさせる。

慣れてしまうと、依存性というか、ないと物足りなくなるようで、東南アジアの国々ではいっきに普及し、今の仕事になってから取材で厨房を覗《のぞ》いたら、ラーメンのスープを作るのに、それをおたまですくって入れていた！

今でこそカップラーメンは若者の食べ物のイメージだが、あの頃は、

「日曜の夜だから、カップラーメンにしよう」

との父の提案に、子どもたちが喜び、母がいそいそ湯をわかすというシーンが、まああったと、同世代から聞きます。袋に入ったインスタントラーメンが、何十円の時代に、一個百円以上するカップラーメンは、高級品であり、ハレのメニューだったの

です。

「あの頃は、冷凍食品がご馳走でね」

当時すでに社会人だった年長の人は、語っていた。

出張先で旅館に泊まって、どんな魚が出てくるかと思えば、「本日は、東京から冷凍の海老フライが入りまして」

亭主がうやうやしく運んできたり。

今は、どんなガイドブックにも、温泉宿の食事は「地のものを中心に、旬《しゅん》の食材を生かして」とあるが、贅沢《ぜいたく》の価値観が、当時はまったく逆だったのでは。

ラーメン以外を思い出しても、合成着色料・甘味料・香料たっぷりの菓子類など、添加物全盛、科学技術ばんざいの時代だったのだ。

合成のだしの素は、うちでも使っていたけれど、インスタントフードについては「遭遇」にとどまり、「事始め」とならなかったのは、家で作るもののほうがおいしいと、なんとなく感じたからだと思う。レトルト食品のハンバーグも、いっぺん試してみたけれど、さつま揚げのトマトソース煮のようで、いただけなかった。商品としても発展途上だったのだろう。

洋食のほうに、話を振れば——。

東京に近い土地柄から、そこそこ都会の風が入ってきていたわが家では、母親が料理好きだったこともあり、うちでも洋食っぽいものを作っていた。例えばスパゲッティ。

当時は、ナポリタンとミートソースの二種類しかなく、ボンゴレなんてものを聞いたのも、大学生になってからだった。

そもそもパスタなんていう言葉は、まだなくて、類するものはスパゲッティとマカロニのみ。前者はママー、後者はオーマイと、メーカーも限られていた。

ハム、ピーマン、玉葱《たまねぎ》、椎茸《しいたけ》を細かく刻み、茹でたスパゲッティとともにケチャップで炒めたのが、ナポリタン。ナポリの人って、ほんとうにああいうのを食べているんでしょうか?

ミートソースは、説明するまでもないと思いますが、あれに粉チーズをたっぷり振り入れるのが、とても贅沢に感じられた。シチュエーションは、あくまでも卓袱台に座って、だったけれど。

マカロニは、茹《ゆ》でるとコシがなくなって、スパゲッティよりうどんに似ていた。鶏肉、ピーマン、玉葱、椎茸とともにバターで炒め、小麦粉とバターと牛乳で作ったホワイトソースをかけた上に、粉チーズとパン粉少々をふって焼くグラタンも、すごくご馳走感があった。

グラタンはどこの家でも、お誕生会の定番だったようです。

そのほかにも、家で作ったのは、オムライスとかハヤシライスとか、今思うと、つくづく、「ニッポンの洋食だったなあ」と。

懐かしの六〇年代みたいな話が続いて悪いけれど、今現在、働き盛りで、仕事でもプライベートでも一流レストランに行く機会がある世代の、食の原体験といえば、似たようなものではないかしら。

中学に上がるか上がらないかの頃、町にマクドナルドが出現した。ファストフードの日本上陸！　鎌倉は比較的早かったと聞いている。

中学では、喫茶店に入るなんて御法度だったが、高校一年のとき、食べる機会がめぐってきた。

中間試験で早く帰る日、母が法事で家をあけるため、昼はマクドナルドで買ってきていいと。ファストフード初体験です。「食べてきていい」ではなく、食べるのは相変わらず、家でだけれども。

何をどう注文したらいいかわからず、店員のおすすめに従い、ハンバーガー、ポテト、ホットコーヒーのセットを。瓶入りの粉を溶くのではないコーヒーは、そのままではとても飲めず、牛乳と砂糖をたっぷり入れた。

神奈川と東京なんて、同じようなものだと思っていたけれど、東京の子は、食にかけてもやっぱり早熟。大学に入ってから、パイの店アンナミラーズで、制服姿のカッ

プルを見て驚いた

「東京では、高校のときから喫茶店に入るのか！」

もちろん、高校のとき、同級生の女子とひそかに読んだデートの指南書は、高校生が喫茶店に入ることを前提としていた。初デートの心得として、メニューの選び方は、「スパゲッティはフォークに巻きつけるのが難しく、失敗が多いので、グラタンにしましょう」

飲み物は、カップに口をつけるものより、ストローで飲むものがきれい。ただしフロートは、クリームがスプーンからこぼれやすいし、

「万が一落としてテーブルクロスにしみをつけても、コースターで隠してはいけません。店の人がさげに来たとき、隠していたのがバレてしまい、かえって恥です」

といったことが、大真面目に書かれていた（それをまた大真面目に読んでいた）。

アンナミラーズなんてパイ一ピースも高いから、大学生の私にもそうしょっちゅうは行けないのに、東京の高校生って、なんて裕福。それとも公立と私立の差かしら。県立高校出身で万事に「遅れていた」私は、少しくうちのめされたものです。

ファミレス初体験も、大学生になってから。バイト先の上司が、おそらくおおぜいで入れるという理由で、バイトの子たちを連れていってくれた。

広いテーブル。何ページにもわたるカラー写真付きのメニュー。お代わり自由のコ

ーヒー。いくらでも入れていいグラニュー糖。これがアメリカのスタイルなのか。

大学に進んでからは、親元を離れて暮らしていたが、次に母が来たときに、ファミリーレストランに連れていった。むろん、車ではなく徒歩でです。アパートの近くの世田谷通り沿いに、この前行った店のチェーン店があるとわかって。

母にとっても、はじめての世界。

「コーヒーのお代わりはいかがですか」

店員さんが回ってくるたび、

「お願いいたします」

「もう結構です。ありがとうございます」

と深々と頭を下げていた。

そんな私にも、ファミレスでもファストフードでもない、大人の社交場を垣間見たことがあるのです。少し戻って、高校二年か三年のとき。

夏の夜、父の友人が車で近くまで来たとかで、私たちを「お茶を飲みに」と誘い出してくれた。誰も運転をしないわが家では、散歩代わりにドライブなんて、あり得ないことだった。

行った先は「ラ・マーレ・ド・チャヤ」。この本でも、のちに訪ねることになる「葉山 日影茶屋」の系列のフランス料理店だ。

カフェバーが別にあったのか、そのときの私はしくみも何もわからなかったが、いずれにせよ飲み物とスナックで入ることができた。

海に張り出したテラス。照明は落としてあり、船の灯《あか》りや対岸の街の灯りが、波に映じて浮かんでいる。夏の宵。湿気を含んだ夜気のため、輪郭がにじんで、溶け出しそうだ。

カクテルだろうか、ほのかに発光するようなグラスを傾ける人々が、そこここのテーブルに。話し声はごくひそやかで、シルエットだけが、揺れさざめく。

こんな世界が、あったのだ。

溜め息の出るような憧《あこが》れとともに、認識した。

たまたま高校の英語のリーダーに、友人が車で迎えにきて、お茶を飲みに出かけるというシーンがあった。先生の訳で、文章としてはわかったけれど、

「それは外国の話。日本にいる私たちには、縁のないシチュエーション」

と思っていた。

けれども、ほんとうに、あったのだ。家から車でほんのちょっとの、こんな近くに、大人たちが静かに品よく、ひとときを楽しむ場が。

私もいつか、親に連れられてでなしに、こんな空間に出入りするようになるんだろうか。

それには、いくつもの越えねばならぬステップがあることを、十代の私は、知る由もなかった。

二十代のはじめは、私はまだ学生だった。

ごくたまに、アンナミラーズでお茶することがあっても、日々の食事の店としては、学食に頼っていた。

会社勤めをはじめてからは、社員食堂がなかったため、昼や残業の夕食は、仕出し弁当が主。

給料日だけ、同期の女子社員と、会社のビルに入っているフランス料理屋にランチを食べに。千円を超えるランチは、新入社員の身にはまだまだ贅沢だったのです。フランス料理屋といっても、ランチの主食に「パンかライスか」を選ぶくらいだったから、フランス語の名を冠した洋食屋というべきか。

ある晩残業していたら、私たちの部の担当役員がひょっこり現れ、どうした風の吹き回しか、鮨屋に連れていってくれた。女子社員と課長の三人を。

会社のビルの地下にある店。記憶ではそれが、出前ではなく、お店で鮨を食べた最初です。カウンターではなく、四人がけの席だった。

ネタの名を書いた札が壁に並んで、「何でもいいから」と役員。何でもいいと言われても、それまで握りの上《じょう》、並しか知らなかったのだ。何をどう頼んだらいいか。せめて各ネタの値段が示されていれば、そのネタが上か並かを推測できるものを、そうした判断材料もない。

とにかく、自分にわかるもので、いきなり「鮑《あわび》」と申し出て、後で同席の女子社員から「岸本さん、大胆」と驚かれたのは、前にもエッセイに書いたかも。

回転寿司の体験があれば、ネタの高いか安いかくらいは、つかめていたでしょうけれど。

カウンターにはじめて座ったのは、今の仕事になってからだから、二十五は過ぎていた。仕事先の人と打ち合わせがてらだったが、内心パニックで、話をするどころではなかった。目の前にブツはあっても、何の魚かわからない！　まさか、外国人のように、指さすわけにもいかないし。

赤身は鮪で、思いきっていくならトロ、間をとれば中トロで、白身は鯛《たい》か平目《ひらめ》、青魚は鯵《あじ》、その他として烏賊《いか》、蛸《たこ》、ちょっと奮発のウニ、イクラ……そのあたりを言っておけば、仮になくても恥にはならないという、スタンダードが頭に入っていない私は、手も足も出ない。

仕事先の人が、

「僕は中トロ」

と言えば間髪入れず、

「私もそれを！」

一貫ですかとの、板前さんの問いに、

「そうだね」

と彼が答えれば、すかさず同意。

オウム返しで乗り切ったが、タイミングを逃すまいとの緊張で、疲れ果ててしまった。店の方は、楽だったと思いますよ。お会計は、全部二倍すればいいのだから。

「パンかライスか」ではないフランス料理屋に行ったのも、やはり二十五過ぎてから、仕事先の人に連れられて。

料理はコースだったので、お任せでよかったが、それとは別に飲み物の注文をとりにくる。

皆さんワインを頼んでいたが、アルコールをたしなまぬ私は、

「コーヒーをください」

周囲がなんとかとりつくろってくれたが、思い出すだに、汗が出る。あの段階では、食事とともに飲むお酒か、さもなくば水を聞かれているんですね。コーヒーを先にお願いするのは、「パンかライスか」式のランチでだけ許されることだったんですね。

コースではなく、一品一品頼むときも、はじめはとまどった。

メニューを開くと、左右両ページにわたって料理名が並び、どこから、どう選んだらいいか。どのように構成したらいいか。

眉間《みけん》にしわを寄せていた（であろう）私に、年かさの女性が、さりげなくアドバイスしてくれた。

「左ページの前菜って書いてある中からひとつ、その下のスープからひとつ、右ページの肉料理と魚料理は、どちらかの中からひとつ選ぶと量的にちょうどいいと思うわ」

なんて親切な人！

量的も何も、コースの流れそのものを、私はわかっていなかったのだが、それを説明しては恥をかかせると思ってか、量の問題にことよせ、教えてくれた。

人は、ひとりで大人になるのではない。周囲に助けられ、導かれしていくんですね。

三十代に入ってから、いわゆるグルメ本や雑誌の記事などで、一流店と呼ばれる店を、知るようになった。

ページ下の、小さな文字に目を近づけては、

「うわー、こんなにするの!?」

会社員時代、一食にかけていたお金とは、ひと桁《けた》ばかりかふた桁も多い。

それほどの違いが、あるのかしら。一食は一食。胃袋に入る量は限りがあるだろうし、時間にしても、どんなにゆっくり食べたって、三時間がせいぜいだろう。

ほんとうに、費用対効果は、見合うのか。

高いからおいしい、みたいな満足が、そこにはあるのではないかしら。

フランス語の勉強で、パリにいたことのある知人が、話していた。

日本から個人で来る旅行客の、通訳のバイトを、ときどきしたが、

「レストランで、ワインは何にするかと聞かれるじゃない。とにかく、いちばんいいヤツを、の一点張り」

せっかく来たのだから、いいものにふれたい。動機としてはわかるし、そういう探求心を、自分も持ちたいと思う。でも「いい」にも、いろいろあるじゃない、と。

「自分は何もわからないけれど、ご当地のおいしいものを知りたいから、この町の名物、あるいは、この店のおすすめ料理をくれ、それに合うワインの中で、いちばんいいヤツを出してみてくれ。そう言うんなら、まだ伝えようがあると思うのよ」

知人はそうぼやいていた。

高級料理店志向には、同じような図式があるのでは。

「でも」

と胸に手をあて、問い直す。思いあたることが、私にはあるのだ。二十代前半の頃。

大学生の卒業旅行が、ブームになりはじめていた。教室で、ついこの前まで机を並べていた人たちが、ヨーロッパへアメリカへと、次々に旅立っていった。

バイト代が生活費とかつかつだった私は、

「何も場所を変えたって、人間、変わるわけじゃなし」

と、彼らを横目に、せっせと自分の部屋とバイト先との行き来をくり返していた。

でも半面、

「やっぱり私の知らない世界があるのかも。身を置かなければ気がつかないことが、あるのかも」

との思いを否定しきれなかったのだろう。社会人になってしばらくは、部屋とバイト先との往復が、部屋と会社との往復にスライドしただけの日々を続けていたが突然、方向転換した。

場所を変えればいいってものではないことを、胸を張って言えるためにも、いったんは、場所を変えてみることだ。遅ればせながら私も行こう。

千円を超えるランチにも躊躇《ちゅうちょ》する身で、外国だなんて分不相応だけれど、こういう気持ちになったときを逃さじと、中国に行ったのです。なぜ中国かは、また別のお話なので、ここでは展開しませんが。

一流店についても、同じこと。高い「から」いいってものではないと、心から言えるためには、体験してみなければ。味わってもみないうちから、先入観で決めつけるのは、フェアじゃない。

誰にとっても、お財布が痛むより痛まないほうが、うれしいはず。にもかかわらず、高い「けれど」いいと思えたら、それこそが、お店と客との、食べ物と人との、幸福な関係なのではないかしら。

一流店と言われるところに行ってみて、ちゃんとした「食事」を体験したい。年齢的にもそろそろ、そういう勉強をしてもいいはず。何でもやはり、ほんものにふれることが、いちばんの学習。そう思い、その道に詳しい知り合いの女性に、「オーナーシェフと親しい」というイタリアンに連れていってもらうことからはじめてみたが、そのとき、「あ、これは入り方として、違ったな」と感じるものがあった。

女性はとても気のいい人で、オーナーシェフを同席の皆に紹介し、

「食べたいものがあったら、何でも言ってください。メニューにないものでも。岸本さん、どうですか」

と、しきりに聞いてくれるけれど、恥ずかしながら私は、メニューに「あるもの」から選ぶのでせいいっぱいで、そこに「ないもの」でどんな料理がイタリアンにはあるかを知らず、リクエストのしようがなかった。

その女性がそうだと言うわけではないが、世の旨《うま》い物好きの中には、メニューにないものを注文するのが、通として一段上であるかのごとき態度をとる人がいる。あるいは、「ガイドブックに載っているような有名店は、堕落している。ほんとうに旨い

物は、知られざる店にこそある」とする人も。温泉なら秘湯に泊まることを、花見なら観光客の知らない桜を見にいくことを、よしとするタイプでしょうね。

グルメブームも行き着くところまで行ったのか、そういうウルトラC的な技を競いがち。

初心者の私が、いきなりそこに参入するのは、違うだろうと。まずは基本に従って、誰もが知っている「あの店」で、メニューにあるものを、シェフのおすすめどおり、虚心に味わせていただくのが筋だろうと。

また、有名中の有名のところって、わかったような気になって、意外に行っていないものですよね。隠れ桜や秘湯を追求する割には、花なら吉野、温泉なら草津は未体験だったりするように。

そんな動機から、続くレッスンでは、各ジャンルで誰もが「ああ、あの」と思うような店へ、いきなり横綱に胸を借りにいくつもりで、思いきって門を叩《たた》いたのです。

Lesson 1

健在！　江戸の心意気

神奈川県生まれの私は、基本的に関東の食文化の中で育った。

「大阪寿司」なるものの折り詰めを、父がお土産に貰ってきたときは、カルチャーショックを受けた。

「大阪では、お寿司ってこんななの？」

四角く成形されたご飯の上に、卵焼きや、ゆでた海老をのしたようなものや、白身魚を酢で締めたのなどが載っていて、半透明の薄い昆布がかぶせてある。見た感じ、まるで寒天寄せのよう。

これが大阪寿司だとすると、その対極にあるのが、江戸前寿司かしら。すなわち、型に詰めたり上から圧《お》したりしないで、手でおにぎりより緩めに握ったご飯の上に、締めていない生の魚を載せたもののこと？

「江戸前」とは、全国各地における、後者のタイプの鮨に冠する枕詞のようなものというのが、二十代までの私の理解。江戸っ子といえば、気が短い、することが手っ取り早いイメージがありますよね。そこからの転用で、ネタが新鮮、イキのいいことを売りにしている店なのだろうと。

だから、甲信越の温泉場などで「江戸前寿司」の看板を目にしても、「東京でもないのに、なぜに江戸？」といった疑問は抱かなかった。まあ「こんな山の中へ来て、わざわざ海のものを食べたい人って、いるかな」とは首を傾《かし》げましたが。

でも、江戸がブームになったとき、本で読んだのです。

江戸時代の中頃までは、江戸においても、鮨といえば、なれ鮨だった。握りたての酢めしに生の魚をひょいと載せてすぐに口に放り込む、今のような鮨は、比較的新しい食べ物だと。

鮨に限らず、天ぷら、蕎麦《そば》、鰻《うなぎ》の蒲焼きといった、現在の代表的な日本食が出揃ったのは、文化・文政年間と、本にはありました。

さあ、こんがらがってきた。時代としての江戸と、エリアとしての江戸と。そして、江戸前のほんとの意味は？

そのあたりを学ぶべく、まずは東京のどまん中、銀座のお寿司屋さんから探訪したのです。

男の心意気で握る江戸前の鮨

久兵衛

東京・銀座

大トロよりさらに贅沢な味わいの霜降り。
見た目の美しさにも圧倒される極上のネタだ

一流料理店のなかでも、心理的にもっとも敷居が高いのが、私にとっては鮨屋《すしや》です。板前さんとの「あうん」の呼吸のやりとりなど、求められる振る舞い方がありそうで。

そして、値段。食べてみないと、いくらになるかわからないところが怖い。

高級鮨の代名詞といえるのが、銀座に戦前から店を構える『久兵衛《きゅうべえ》』。かの吉田茂元首相が『久兵衛』以外の鮨は食わぬとまで言ったとか。歴代首相をはじめ、美食家で知られる北大路《きたおおじ》魯山人《ろさんじん》など錚々《そうそう》たる面々が、ひいき筋だ。

金春《こんぱる》通りを歩いていけば、道の反対側から中年夫婦が恐る恐るようすうかがいをしている店がある。あれか。入り口前に出ているのは、お品書き?

ふたりと並んで覗《のぞ》いてみれば、おまかせだけでなく、鮨懐石のコースもいくつかある。会計がずいぶん明朗なのは、うれしい驚き。夫婦連れが、ほっとしたように入っていく。私も続いて、のれんをくぐる。

カウンターには、白い前掛けをきりりと締めた板前さんが勢揃い。いなせですねえ。今しがた湯を浴びてきたばかりのような、すっきりと粋な姿に、私としては久々に「男の色気」を感じ、どぎまぎしてしまった。が、色

1階カウンター席。「付け台の中は舞台」というだけあって、板前さんには〝男の華〟がある

気より食い気！

黒い漆塗りの付け台に、とんと、小気味よく置かれましたるは、大トロ、いや、それよりもさらに脂ののった霜降りだそう。手でとりたいが、はじめての店でいきなり手づかみなんて、通ぶっているようで生意気かしらとためらわれる。でも箸《はし》でつまむと、ぐらついて粗相をしそうだし。緊張しているときは、特に。

一瞬の迷いを見てとってか、ご主人、今田洋輔氏、「どちらでもどうぞ。箸なら、こうすると食べやすいです」。

箸の先を、鮨の真ん中あたりに軽くあて、手前にちょいと倒してつまめば、あらほんと、ネタとシャリの両方からはさむことになり、小皿の醤油《しょうゆ》に逆さまにつけても、ネタだけ落としたりなぞしない。もっとも『久兵衛』さんでは、醤油をひとハケ塗って出すので、小皿のほうは必ずしも使わなくてもよいのだが。

感動です、「あの『久兵衛』さん」で、箸の使い方から教えてもらおうとは。「若い方も多いですから、よくこんなお話するんです」とご主人。

2代目ご主人の今田洋輔氏

シャリの大きさ、サビの加減といった好みをひとりひとりの客に聞き、それが会話のきっかけとなるという。今の季節、何がおいしいと、店のほうからすすめてくれるので、客はまるで魚のことを知らなくてもだいじょうぶ。敷居が少し低くなった。

醤油のことに話を戻せば、ネタに塗るのも小皿のも、「うちに合うよう、やり直したものです」。醤油、みりん、水を五対一対一の割で火にかけて、沸騰直前におろし、アクをとる。醤油の「あたりをおとなしくする」そうだ。ヅケの赤身も、同じタレにつけ込むそう。

霜降りは、ひらりと薄く、シャリをおおって余りある。ふわっと握った小ぶりのシャリと、渾然《こんぜん》としてとろけるよう。炊きたての香りとぬくもりを残したシャリは、江戸のファストフードとしての、握り鮨の由来を思わせる。

この温かさにはわけがあり、『久兵衛』さんではシャリに砂糖を入れない。砂糖なしだと、冷めたときにかたくなりやすいので、適度な温かさを保つようにしているという。

「ネタの六割は生のもの。砂糖を入れると素材の味が殺されるので、砂糖は合わない」との考えから。

2階は座敷のカウンター席。掘り炬燵式なので足を伸ばしてゆっくりできる

焼き穴子にはタレと塩がある。ほどよい甘みもさっぱりした味わいも、どちらも美味

同じ鮪《まぐろ》でも、赤身をタレにつけ込んだヅケは、江戸っ子の好きな濃い醤油味が、ご飯にぴったり。深紅と白の色もあざやかだ。タレをさっとからめただけの赤身は、これまた、ご飯と相性よし。

これ以上ない取り合わせだなと改めて思います。日本の食の基本型だと再認識。魚と醤油とご飯って。

合間合間につまむガリは、シャリと同じく砂糖抜きだ。前のネタの味を消すものだから、舌に甘みが残らないのがよいと。「先代が修業先で学んできたことを、七十五年間守っています」。

見上げたものだと思うのは、タレの説明にしろ何にしろ、「鮨たるもの、こうでなければ」という決めつけ方を

鮨懐石で供される焼き物とお吸い物。焼き物は甘鯛の若狭焼き、お吸い物の具はあいなめの葛打ち。鮨懐石にはほかにお通しと刺し身がつき、最後に握りが出る

しないこと。「店によってやり方はいろいろ。うちはこう。選ぶのはお客さん」との姿勢をくずさない。老舗の格とは、こういうものでしょうか。

「客が主」の考え方は徹底していて、例えば私が「昔からお歴々がみえていますよね」といった話を振っても、客に序列をつけるような答え方はけっしてしない。その注意深さには、頭が下がります。常連さんに切って出したものを、一見《いちげん》さんが見ていたら「いかがですか」と声をかける。ネタや遇し方で差をつけない。それが『久兵衛』のサービスなのだ。

　鮨屋で窮屈に感じるのは、入ったら客より板前が多かったとか、常連さんばかりの世界ができ上がっていた、な

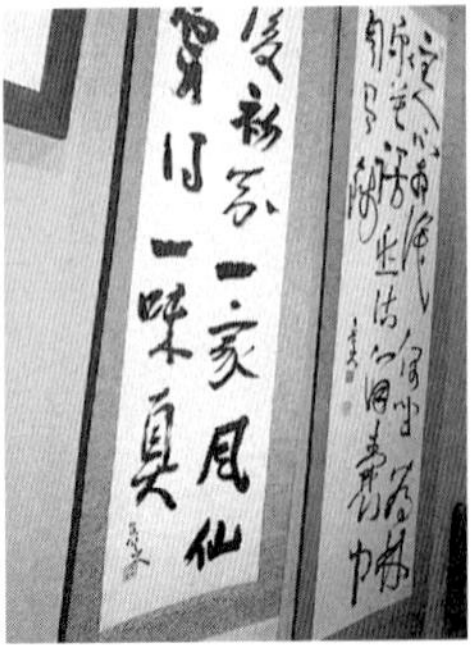

久兵衛４階のミニギャラリーで魯山人の作品を鑑賞できる

んてとき。そのあたり、こちらのお店ではどうなさっているのか聞くと、「お客さんがどんどん入ってきてくれれば、解決することなんです。それにはまず、お客さんに選ばれる店をめざそうと」。

さあて、握りをどんどんいきましょう。平目《ひらめ》の昆布〆《こぶじめ》は、醤油とすだちをひと垂らし。柑橘《かんきつ》類をよく使うのも、こちらの特徴だ。障泥烏賊《あおりいか》も、塩とすだちで。烏賊の甘みがぐんとひきたつ。

合間に、穴子の肝焼きを。甘辛さとほろ苦さが、いかにも江戸っ子の酒の肴《さかな》。

続いてウニ。今でこそ定番のウニやイクラも、こちらの先代が、はじめてネタに取り入れたのです。張りのある海苔《のり》が口の中で折れるや、ジューシーなウニがいっぱいに広がる。海苔が湿らぬうちが命だから、二貫並べて出すことはしない。食べ終わるタイミングをはかって、巻いて出す。

焼き穴子は、タレと塩、ふたつの味で。塩でいけるのは、焼きたてで熱々だからこそです。鮨の旨《うま》さは、間髪《かんはつ》を容《い》れず頬《ほお》ばることとみつけたり。

いやー、食べた食べた。それに、すっかりくつろぎました。来たばかりのときとは別人のよう。鮨屋とは、ただ座っていればいいところなのだと、はじめて知った。あとは板前さんが、こちらのペースや状態に全部合わせてくれる。気を遣う必要は、まったくない。「そうです、お客さんはお金だけ使ってくれればいいんです」と今田さん。よっ、ご主人、うまいことおっしゃいますねえ。おっと、態度が大きくなり過ぎたみたい。酔ったかな？　すかさずご主人、「あがり、一丁」。きりっとしたその声が、耳に心地よく響きます。

information

久兵衛
東京都中央区銀座8－7－6（金春通り）
℡03－3571－6523
㊎11時30分～14時　17時～22時
㊡日曜・祝日

蓬萊鍋でしっとりと正月気分、江戸気分

ふべ家

東京・大塚

「蓬萊鍋」。車海老、蛤、平目、鶏などすべて新鮮そのもの。
小豆の入った羊羹麩が珍しい

冬といえば、鍋《なべ》ですね。吐く息が白い日にはことさらに、暖かな湯気が、瞼《まぶた》に浮かぶ。

調味料のコマーシャルだと、「そんな日には、早くお家へ」となるのだろうけど、たまには店で、しっとりと落ち着いた座敷で味わうのも、また一興。

山手線大塚駅から、都電の線路を越えて、ゆるやかに曲がった路地に入ると、今風の建物の中に、古い造りの割烹《かっぽう》が、ちらほらまじる。このあたりは、もともと花柳界だそうで。どことなく、色っぽいたたずまいは、そのせいか。

『ふべ家（なべや）』の玄関上には「江戸前料理」の看板が。江戸前寿司ならぬ江戸前料理ってどんなもの？　と思うけれど百聞は一食……ではなかった、一見にしかず。

まずは入ってみましょう。

通されたのは、六畳ほどのこぢんまりした座敷。障子の向こうの雪を眺めて、差しつ差されつするには、ちょうどいい部屋です。

「町の大工さんで、昔ながらの艶《つや》っぽい家を建てたことのある人に頼んだんですね」と語る福田浩さんは、二代目主人。

鍋一筋というわけではなく、先代が料理屋の屋号としてつけたにすぎないそうだけど、寒に入り、魚にいよいよ脂がのる季節には、やはり鍋をいただきたい。魚介と野菜の寄せ鍋、蓬莱《ほうらい》鍋が、この店の冬の名物。

漆塗りの座卓の上に、どことなく懐かしいガスコンロが置かれる。そう、この期待感がいいんだな。

でも、江戸っ子以来の伝統か、せっかちな東京の人は、鍋がわくまで待てなくて、「何かないか」といわれるので、お通し五品を出している。お膳《ぜん》に並べた、色とりどりの豆皿に載せてくるのを、「かっわいい」と今風の誉め言葉で愛《め》でたらば、ご主人に怒られるかしら。

焼き目も香ばしい卵焼きは、箸《はし》で割るそばから、照りのある黄金色の汁がひと筋流れ、口に入れれば、しっかり甘い。これぞ、東京の卵焼き。この一品だけでも、酒の肴《さかな》になりそう。

「海苔しぐれ」は、かつて吉原のおいらんが、浅草海苔を焼いてもんだものに、梅干しの肉と鰹節《かつおぶし》とを、煮切り酒で和えて、ちょちょいとこさえてくれたという、お酒にもご飯にも合う一品。五品中、このふたつは定番だそう。

鯛《たい》の細作りには、煎《い》り酒を回しかけて。煎り酒は酒に梅干しを入れ、半量

6畳の和室は、掘り炬燵式なので足が楽。ゆったりとくつろげる

ご主人は江戸料理に詳しく、著書に『江戸料理百選』などがある

くらいになるまで、時間をかけて煮詰めていく。歴史的な背景がちゃんとあって、今は日本料理に欠かせぬ調味料となっている醤油《しょうゆ》が出回ったのは、実は江戸の中期から。江戸初期までは、刺し身も酢で食べていた。それではあんまり酸っぱいからと考え出されたのかもしれない、この煎り酒。醤油だと、付け方がへただと醤油を食べているみたいになってしまうが、こちらはあくまで、魚の味の引き出し役に徹します。

　刺し身の皿は、大福帳の図柄。年始めなら、こいつは春から縁起がいいと、それだけで上機嫌になってしまいそう。里芋の田楽は、干支《えと》の午《うま》の絵皿。正月らしい、あしらいだ。

　さあて、いよいよ鍋である。「昔は雑《ざ》魚《こ》鍋《なべ》といったんです」。江戸時代には、芝や品川沖で揚がるものを何でも入れた。料亭に上がっていただくというよりは、浜の近くで、とれたてのをさっと仕立ててつつくという、庶民的なものだった。深川名物、蛤鍋《はまなべ》は、職人さんたちの大好物。『鬼平犯科帳』などにもよく出てくるように、熱々の鍋を皆で囲む風習は、その頃すでにあったのです。

　現在では、江戸前の魚というと、沙魚《はぜ》、鱚《きす》、穴子《あなご》、シャコくらいしか思い浮かばないけれども、かつての江戸湾は魚介類の宝庫だった。

今、ぐつぐついい始めた土鍋の前の皿に、きれいに並べられているものも、海産物が豊かだった頃を彷彿《ほうふつ》させる。蛤《はまぐり》は、江戸物が、身が厚くて上物とされたし、平目なんぞ、当時は遠浅だったため、引き潮のときなど砂地にはねていたと聞きます。

この店で出されるのは、すべて、その日に締めた天然の「活」。刺し身でもじゅうぶんいただけるものだというから、こりゃ贅沢《ぜいたく》な鍋だこと。

具に決まりはあるんですか。「しいていえば、味のやさしいものにします」。牡蠣《かき》や鴨《かも》なんぞは味が強いので、外す。入れる順番は？「ないようで、ある

「お通し5品」。里芋の田楽、うるめの鰯、海苔しぐれ、卵焼き、鯛の細作り。卵焼きと海苔しぐれは、人気の定番メニューだ

「雑炊」。鍋の醍醐味はこれにあり。素材の旨みがたっぷり染み出た汁を、すべて胃袋へ収めよう。最後まで澄んでいる汁が、雑炊のおいしさの決め手だという

んです」。だしの出る物から順に、新鮮さを味わうためにも、いっしょくたに煮ないこと。でも、ここでは仲居さんにお任せなので、安心だ。

もとになるだし汁は、薄味で上品。江戸前＝辛口と思い込んでいたのは、私の誤解だったよう。素材が良ければ薄味でというのは、関東、関西に共通で、料理屋のだしであれば、その点、さほど差はないだろうと、ご主人は語ります。

ただし、何でだしを取るかは違いがあり、伝統的に、関西は昆布、関東は鰹節。こちらも、昆布はほんの少し使うが、主体は鰹節である。

仲居さんが取り分けてくれるのだが、一回目、二回目と進むにつれて、徐々に味が変わっていく。体もしだいに温まる。「時系列」があるのが、鍋のよさだと感じます。しかもここでは、鍋奉行に采配《さいはい》をふるわれることなく、ゆっくりと段階を踏んで味わえる。

汁がずっと澄んでいるのはなぜ？　と思ったら、それこそが、鮮度の良さの証《あかし》だそう。うどん、雑炊と、底までさらって、きっちりとおいしくいただきました。

小豆《あずき》入りの麩《ふ》が、具の中にあったが、これはご主人のアイディアによる、ここだけのもの。文献によると、江戸時代は麩をよく食していたが、羊羹麩《ようかんふ》なるものがあったらしい。お菓子の羊羹が、大流行したときに、麩でまねたものだとか。それをヒントに、ご主人が料理に合うようアレンジした。

江戸時代は外食産業が盛んで、料理書も出版されたくらい江戸人はグルメだったと聞くけれど、新し物の羊羹をまねて作るというところにみられる、遊び心と好奇心が、なんだかすてき。二百年前の人々が、急に身近になるような。東京湾でとれる魚は少なくなっているけれど、江戸の「気分」は、ここ『ふべ家』に健在です。

information

ふべ屋
東京都豊島区南大塚1―51―14
℡03―3941―2868
㊎17時～21時30分（L.O.19時30分）　土曜のみ12時～14時も営業
㊡日曜・祝日　要予約

江戸の心意気が伝わる老舗の天ぷら

銀座天國

東京・銀座

貝柱の磯辺巻き、カニ爪、笹身のしそ巻き、椎茸、烏賊、小鯛、谷中生姜。
素材の色が透けて見えるほど衣が薄い

〽汽笛一声新橋を……の歌にもあり、文明開化の始発駅といえる新橋駅。駅から首都高をくぐれば、銀座に入る。どこからか風に乗り、ふうわりほのかな、ごま油の匂いが。見上げれば、「天國《てんくに》」の文字。中央通り八丁目の角に堂々とそびえる『銀座天國』本店ビルだ。香りの出所は、ここだったのですね。

創業は、なんと明治十八年。この通りを自動車が走るようになるより前なのだ。

初代は、屋台からはじめたという。

天ぷらはやっぱりカウンターで熱々をいただくのがいちばんと、通の人から聞いたので、揚げ方さんと対面状況になるのを覚悟の上で挑戦した。こちらのカウンター席は、椅子ではなく畳の間。掘り炬燵《ごたつ》式に足を下ろせるようになっているので、よっこらしょと、さっそくくつろいだ姿勢をとらせてもらって。

お座敷天ぷらは、今や高級料理だが、天ぷらそのものは、もともと江戸のファストフードだそう。屋台で回ってきて、揚げたてを並べるそばからお客さんが指でつまむという、面倒なこと抜きの江戸っ子らしい食べ物だった。初代の店は、江戸の伝統を色濃く残していたわけだ。

首都高は、かつて汐留《しおどめ》川の川筋。築地《つきじ》も近い。江戸前の

海で揚がる魚のうち、河岸で扱わないほど小形の鱚《きす》、沙魚《はぜ》などを、庶民の口に入るようにした。

白い帽子に、「天」の字入りの藍《あい》のネクタイをきりりと締めた揚げ方さんは、「粋な姿」の現代版だ。

磨き上げられた銅鍋の中の油は澄んで、まるで割り下のようにきれい。質を保つため、ひんぱんに、店のすべての油を取り換えるといいます。

衣を溶いて、ひと垂らしすれば、しゅーっと。そう、この音。いよいよはじまる期待に満ちる。

コースは突き出しに続き、季節のものを入れて十数品の天ぷらだ。

巻海老《まきえび》の尾をつまんで、さっと油に滑り込ませる揚げ方さん。ベテランともなると、油も熱く感じないのかしら？　揚げ箸《ばし》の先で挟んで、上下に一回きっちりと振り、油を落とす。

懐紙に揚がった天ぷらは、工芸品のごとくに美しい。香ばしさが口中に広がって、ジャスト火が通ったくらいの、ぷりっとした歯ごたえだ。絶妙なタイミングで仕上げられたところを、時を置かずベストの状態でいただけるのが、カウンターのよさですね。

空豆は、ほっくり割れて、湯気が立つ。三つ葉はあくまで、さくさくと。

銅鍋に澄んだ油がはられ、目の前で１品ずつ揚げられる。職人技も堪能

　朱色、萌黄《もえぎ》色、緑色と、彩りも美しい。

　素材の色が見えるように、衣を薄くつけるという。鼻でひかれて、耳で目で舌でと、何段階も味わえる。

　厚いと、衣でお腹《なか》いっぱいになってしまうし。立ち食い蕎麦《そば》の天ぷらなど、まるでそれを狙ってかのように着ぶくれさせてありますね。衣を半分以上食べないと中身が出てこないくらい——なんて、こちらのと比較するのが間違いなのだろうけれど。

　徳川家康は鯛《たい》の天ぷらを食べ過ぎて死んだと俗説にいうが、こちらのは食べ過ぎても、だいじょうぶ。

　油をきちっと切るのも、そのためか。懐紙にほとんどしみが残らないほどなのは、職人技を超えて、もはや芸術の域です。そもそも、箸で挟んで振って、よく落っことさないものだと思います。油って滑るじゃない？

　ごま油ととうもろこし油が、一対一。江戸前は濃い揚げ色を特徴としていたが、精油技術が上が

突き出しは海老味噌と飛び子の和え物。海老味噌は7尾分を使う

ったのと、お客さんのライト志向とから、今はあっさり色白めに仕上げるという。ごまの炒り方まで注文して作らせるが、昔より浅くなっているそうだ。

油の温度も難しそう。家では母が温度管理に苦労していた。

「そう、高すぎると、まわりだけかたかったり焦げたりして、中は生とかね。低すぎても、べたっとなるし」と揚げ方さん。

魚で一八〇度、野菜で一六〇度。何げなく放り込んでいるようで、鍋の下ではガス栓《せん》をそのつど微妙に調節している。温度計なしで音や揚がり具合で判断するのだと。そこがプロなのだなあ。

同じ素地でも、日によっても、またひ

手前から、海老の頭、とうもろこし、三つ葉、巻海老、鱚、茄子、空豆の天ぷら。地下カウンターでは、揚げたてを１品ずつ供される。揚げる音を聴き、彩りを楽しみ、最後に舌でゆっくりと味わう

貝柱の磯辺巻き。揚げたてのアツアツをパッと食べる臨場感もおいしさのうち

素材は季節により、また日によって違う。稚鮎、穴子、車海老、小鯛、鱚、めごち、谷中生姜、空豆、椎茸、かぼちゃ、茗荷、こごみなど、厳選された素材が並ぶ

とつひとつにも個性があるので、「ま、長年の勘ですね」。

揚げ方さんによっても、温度は少しずつ違うそう。

「こういう天ぷらを揚げたい」というイメージが、それぞれの頭の中にあるから、あとはお客さんの好みと相性しだい。

日本通で知られるフランスのシラク大統領が、今よりも自由のきいたパリ市長時代、当時の料理長の味と人柄にひかれ、十数回も通ってきたのは、有名な話です。

椎茸《しいたけ》は、ほどよく水気がとんで、生よりも香ばしい。一瞬油にくぐらすだけで、味と香りのエッセンスが引き出される。

小鯛《こだい》はふっくら、やわらかく、しっぽまで食べられる。レモンも添えられているけれど、塩だけで、いや、何もなしでもいいみたい。魚類の天ぷらは、どうかすると水の匂いが気になるものだが、この店のはさすが、素材が厳選されているのと、品質管理のよさでしょう。

かつて品川沖で獲《と》れた、めごちや穴子《あなご》は、富津《ふっつ》沖産。ネタは、年間約五十種類で、定番のものをベースに、料理長のアイディアを加えるとのこと。この日でいえば、旬《しゅん》の空豆だ。谷中生姜《やなかしょうが》の天ぷらも、めずらしいかも。

アスパラガスは、色よし、歯ごたえよし。貝柱の磯辺巻き、とうもろこしの粒の串刺しなど、遊び心の部分も楽しむうち、あっという間に十数品たいらげてしまった。

「銀座の柳の二世」のプレートのかかった柳並木を散歩する。ギンブラニテンプラ、テンクニノテンプラ……。大正時代、銀ブラ族の合言葉だった、この店の昔のキャッチフレーズをつぶやきながら。銀座に店を構えて百二十年というからは、この柳より古いのだ。

地下のカウンターの椅子席。奥に掘り炬燵式のお座敷がある

足どり軽く歩いていて、ふと気づく。揚げ物をあれだけいただき、腹にもたれないのは、私にしてはまれなこと。
今日食べて、明日もまた食べられそうな天ぷらです。

information

銀座天國
東京都中央区銀座8—9—11
℡03—3571—1092
㊌11時30分〜22時（L.O.21時）
㊡無休

「かき揚げ丼」。『銀座天國』1階のメニュー。
その大きさと厚みに職人技が光る

Lesson 2

地方に食あり、文化あり

今にして思えば、子どもの頃、家で食卓に上った魚の種類は、そう多くはなかったな。

鎌倉という土地柄か、魚屋さんが自転車に乗せて、戸口まで売りに来ていた。荷台にある中から、その日おかずにするのを選ぶ。

いちばん多かったのは鯵《あじ》。塩焼きにしたり、揚げて南蛮漬けにしたり。そのほかよく食べた記憶のあるのは鰈《かれい》や鯛《たい》の煮付け、シラスおろし。小鰯《いわし》をたくさん並べて板状にして干した畳鰯も、毎食のように焙《あぶ》っては、海苔《のり》といっしょにご飯に載せて。カルシウムはたっぷりでしたね。

社会人になってから仕事で、北海道のとある家に泊まったとき、イクラの醤油漬けが、毎食出てくるのにびっくりした。かつてのわが家における畳鰯のような位置付け。特大の保存用容器のまま、どん！　と置かれ、子どもたちもスプーンで何杯もすくっては、ふりかけ代わりにご飯にかけている。

私が彼らの年代のときは、イクラなんて、お客さま用の鮨《すし》だけに入っている高級品。ここでは、かくも日常的な食べ物なのか。

「小さいときから、こんなに大量にとっていたら、コレステロール過多にならないかしら」

と心配になるほどだった。

ホッケや鰊《にしん》も、北海道ではポピュラーな魚。鰊はさすがに、鎌倉にいた頃から「カズノコの親」として名前は知っていたけれど、食べた覚えがない。ホッケについては、聞いたことすらなかった。

関東にも流通していたかもしれないが、親たちにとって、なじみのない魚だったのだと思います。概して北の方の食文化は、わが家には入っていなかったよう。

大人になってから知った魚は、多い。ハタハタもそう。

三十過ぎてはじめて食べてから好物となり、出張の折などに、デパートで干物を買って帰るようにした。

すると、地方によって塩加減が違うのです。同じ日本海側でもさらに差異があり、新潟は金沢より辛い。金沢まで来ると、京都のテイストが微妙にブレンドされるのか、汁なんかも、甘口になる印象です。

狭い日本でありながら、ことほどさように食は多様。銘菓「柿の種」にさえご当地モノがあって、新幹線の駅で求めて蒐集《しゅうしゅう》している人もいるくらいですものね。

「ところ変われば」を検証すべく、地方の味探訪に赴《おもむ》きます。

きりりとした清々しさと日本料理の粋な味わいと

青柳

東京・虎ノ門

「ぜいたく若布」。手前の海老や鯛ではなく、奥にちらりと見える若布が主役。だから「ぜいたく」。針のように細い大根の千切りを添えて

まな板に圧倒される。カウンター前に据えられた、厚さ一〇センチはある、白木の板。尾州のひのき。徳川時代は切ることまかりならなかった、御留めの木という。樹齢三百年を数える木の、芯《しん》の部分。柱なら、四本くらいとれそうな。

長々と横たえられた尺二の包丁が、銀色に輝いて、これから神事でもはじまるかのような、清々《すがすが》しい気に満ちている。

「日本の美は、やはり、直線的な美だわ」。カウンター割烹の席について、いちばんに感じたのがそのことです。

虎ノ門の『青柳《あおやぎ》』は、徳島の料亭が、東京に出した一号店。出店早々、和食党をうならせて、東京の懐石料理店のトップクラスにランクインしたと聞いて、来てみた次第。二号店の「日本料理 basara」は、赤坂アークヒルズの都市的空間に合ったモダンな室内というけれど、ここ『青柳』は、打ち水をした玄関につくばいを配し、日本的なしつらいで、正統な型をまずは体験してみたい私には向いている。

お座敷の個室は5〜8名まで。上がり口のしつらいには水が打ってあり、清々しい気が漂っている

ご主人の小山裕久さんが、板場に立つ

と、それだけでぐっと場がしまる。堂々たる恰《かっ》幅《ぷく》。そこへもってきて、重さ五キロもある鯛《たい》ですから。尺二の包丁が無意味に長いのではないとわかる。あざやかな包丁さばきでおろしていく。

身の上に、白くきれいに光るのは？

「これ全部、脂です」と小山さん。鯛も見事なら、扱いも見事。鯛にとっても、有終の美を飾るにふさわしい、ひのき舞台といえるでしょう。

鯛といえば明石《あかし》と決まっていたけれど、『青柳』は鳴門《なると》の鯛を、全国的に有名にした。「世界一流れが速い潮の中にいて、鳴門の若布《わかめ》を食べているんですからね」。小山さんにそう聞けば、いやが上にも期待が高まる。

献立のスタートは「ぜいたく若布」。これが噂《うわさ》の、鳴門の若布か。

一般の献立でいえば、酢の物にあたるのだが、合わせ酢が液体ではなく、ゆるやかなジュレにしてある。このジュレが若布にほどよくまとわりつき、嚙《か》み終わり、喉《のど》を通るころちょうど溶ける。なぜジュレに？

「子どものころ、酸っぱいものが嫌いだったんです」

玄関を入ると、店の入り口前に
600年の時を経たつくばいが

生家の『青柳』で料理を食べながら、大人はどうしてこんなに酸っぱいものが好きなのかと思っていたそう。作り手になってわかったのは、舌に酸味がふれると唾液《だえき》が出るため、薄まる分を考えて、酢を濃くせざるを得ないということ。

ジュレにすれば、いきなりつんと来ることはないので、問題が解決できる。

「口の中で、三秒くらいで溶けるような加減にします」。そのために、舌の温度と時間まで計算に入れる。小山さんの料理には、ひらめきだけでなく、それを支える「理論」がある。

　鯛のお造りは、一般のそれに比べて、かなり厚い。むっちりした歯ごたえがあり、「鯛を食べた」という感じがする。「青柳仕立て」といわれる、切り方ゆえだ。

小山さんと１尾５kgはあるという
鳴門の鯛。どちらも堂々

　鳴門の鯛は、はげしい渦にもまれているせいか、明石の鯛をフィレとすれば、モモ肉のような身だという。それを生かすには、薄くせずに、繊維を残しながら斜めに刃を入れ、へぎ造りにする。ただし、ひと切れの中にかたさの違いがあると食べにくいから、かたいところは、あらかじめ除き、やわらかいところを、たっぷりと厚く切る。

「鳴門鯛へぎ造り」。手前に山芋、左奥に生海苔

「淡々」。よけいな手は加えず、必要な手だけを加えた鳴門の鯛のかぶと

デザートは、極上のなめらかさをもつ「昔プリン」と、渋みとほのかな甘みが共存する「宇治金時」

これぞ「青柳仕立て」。

切り方ひとつで、味が変わる。「切ることそのものが、下処理ではなくて、料理なんです」と小山さん。

鯛のかぶとの「淡々」は、骨蒸しとも違う、単なるあら炊きとも違う。塩と酒によるあら炊きというべきかしら。鍋肌に焼きつけたような香ばしさ。蒸し物よりも、旨みが凝縮されている。甘みは、酒と鯛そのものの甘みだそうです。

醤油《しょうゆ》と砂糖を入れたあら炊きだと、小川さんのイメージでは「濃々」、献立の途中なのにご飯がほしくなってしまう。だから「濃々」にならない、炊き方を考えたそう。

「鯛は実は、炊いたら酸っぱい魚なんです」。酸味を処理しつつ、生ぐささは残さず、でも煮くずれないぎりぎりのところまで火を通すのと、同時に、酒が煮詰まるようにしなければならない。この

「淡々」は火加減が実に難しく、煮方さんの中でも、できるのは二人しかいないという。

　小山さんによれば、料理で大事なのは、素材の味をひきだす「技術」。通常は、酒を何cc入れて何分間といった、数値化できる「調味」のほうにとらわれがちだ。

　でも、鯛のかぶとを例にとっても、形や、酸味の出方など、ひとつひとつ違う。素材をよくみて、それに合った、火加減やタイミングをつかむ。最高の素材を扱う料理人が、最高の料理を作れるのではない、ある素材を、いかに最高の状態にもっていけるかだと。

　鯛の目は、久しぶりに食べます。子どもの頃、母親が作っていた煮付け以来かな。目玉の周りのとろんとしたところが、たまらない。あんなに大きな鯛にも、二つしかないものだから、まさに贅沢《ぜいたく》。

　唇の皮も、ひっくり返した上顎《うわあご》の肉も、むろん食べる。猫もまたいで通るくらい、きれいにしゃぶり尽くした骨のひとつを、小山さんが、さっと洗って渡してくれた。

テーブルは４卓。右奥にカウンターがあり、椅子が６脚。こぢんまりとした空間だ

最後に供される「満福鯛」。
このかわいらしさに意表をつかれ、
皆の顔がほころぶ

これか、「鯛の鯛」と呼ばれるものは。ひれのつけ根の平たい骨。目玉を思わせる穴があり、尾のような突起がついている。関西では、人気と福を呼ぶとされる縁起物で、舞妓《まいこ》さんなんかは、マニキュアでコーティングして、帯に付けていたりするそうだ。さすが、おめでたいの鯛。

しめくくりのプリンは、絹ごし豆腐のようななめらかさに感動。これも、きっと「技術」のたまものなのでしょう。茶わん蒸しの質の高さがしのばれる。

おまけに、焼きたての鯛焼きを出してくれた。掌《てのひら》に包み込めるミニサイズ。かわいい。あたたかい。そして、おいしい。満腹鯛という名だそうだ。満腹鯛で、八分目ならぬ十二分目まで腹を満たし、「鯛の鯛」を土産に持ち帰る。あり余る福をもらった気分になりました。

information

青柳
東京都港区虎ノ門1―22―1
℡03―3580―3456　FAX03―3502―6911
㊋11時30分〜13時30分（L.O.）　17時30分〜21時30分（L.O.）
㊡日曜・祝日

地元人の気分で冬の京都を食べ歩く

味 らく山 ほか

京都

冷えた体を迎えてくれる、白だつ鮑あんとじ忍生姜（らく山）

毎年、寒さが深まると、行きたくなるのが京都。秋の紅葉客の人出が一段落した町で、ほっこりするのがいいのです。

でも、よそ者の限界で、いつも同じ表通りばかりを歩いているような。

そこでこのたびは地元の通人、染色家の吉岡幸雄さんに、冬の京都を案内していただくことにした。

伏見の工房を訪ねると、むむ、生薬を煎《せん》じるような匂い。植物染めによる伝統色を再現していると聞いていたが、これが、染料のもとかしら。

紅花、藍、茜など植物を使った染め物の第一人者、吉岡さんと

乾燥した木の根や実は漢方薬を思わせるが、染め上がった布は、目のさめるようなあざやかさ。媒染剤との化学反応で、もとの植物にはない色ができるそう。媒染剤も、土の中に含まれる鉄分や灰など、自然のものだ。

吉岡さんによれば草木染めが地味というのは、おおいなる誤解。たしかに、秀吉の陣羽織なんて、むちゃくちゃ派手ですものね。

「衣食住、みんないっしょや。文明の栄えた都市に、まずいモンないでしょ」

と吉岡さん。権力者をはじめ人々は、美しいもの、おいしいものを追求し、欲望を満足させるべく、物資が集まり、技術が発達する。それが「都の機能」だと。なるほどです。

きれいな色を出すために、藍や紅花は、近くの農家で栽培してもらっているそう。無農薬有機肥料にこだわる農家で、「お米はもちろんのこと、その糠《ぬか》で、ちゃんと発酵した沢庵《たくあん》も作ってるんよ」。

桃山大根をじゅうぶんに発酵させた古漬け（ヤマダファーム）

「発酵」と聞いて、私の耳がピンと反応した。京都といえば漬物だが、市中に出回るただの「調味料漬け」というべき代物に、「これが名物と思われていいのか、え？　京都よ」と問いたい思いを、常々抱いていたのだ。

そう言うと、吉岡さんも強くうなずく。

「そやそや、あんなん、僕が子どもの頃食べてた漬物と全然違う」

すっかり意気投合した（と思った）私は、早速その農家に連れていってもらった。

『ヤマダファーム』の山田豪男さんがスライスして出してくれた沢庵は、おお、これぞ発酵臭。熟成チーズのような香りがする。鼻の前にずっとぶら下げておきたいくらい。

口に入れれば、酸っぱく、そして塩からい。添加物を使わないため、昔ながらの塩分濃度にしてあるのだ。お酒のアテに買っていく人が多いというの、わかります。黄金色の珍味。「畑のからすみ」と呼びたいほどだ。

この色は、どこから？　山田さんに問うと、発酵で生じるアルコールと、大根の中の辛味成分との化学反応によるのだとか。

「へえ、染色と同じやな」と吉岡さん。昔の人は化学式を知る以前から、化学していたのですね。モノづくりの分野において。

吉岡さんと酒を酌み交わす、
主人の原田楽山さん（らく山）

大根は、今となっては山田さんしか作っていない桃山大根。水分が少なく硬く、漬物に適している。幻の酒米「祝」の復活にも取り組む。古《いにしえ》のモノの再現というテーマでも、おふたかたは共通する。

夕飯は、吉岡さん行きつけの祇園《ぎおん》『らく山』へ。夫婦ふたりで営む割烹《かっぽう》。

こぢんまりした店の戸を開けて、品のよいだしの香りに包まれると、それだけで、ほっとする。

吉岡さんにとっての冬の味は、京野菜の炊き物という。

「子どもの頃、食卓に上がってたのは、みんな〝炊いた

はんなりと桜色に染まった海老芋の炊き合わせ。弱火で長時間炊いた海老芋は驚くべきなめらかさだ（右上、左下ともにらく山）

ん〟」。職人さんを抱えた大所帯、台所を切り盛りするのは、おばあさんの役だった。火にかけてある鍋に、孫が手を出そうとすると「明日のために炊いてるんや」と叱《しか》られた。

　煮て、ひと晩置くことで、味を含ませる。新鮮なものが入りにくかった京都の知恵といえましょう。

『らく山』は、その炊き物が上手なので、吉岡さんが贔屓《ひいき》にしている。海老芋《えびいも》は、冬の根菜らしい滋養をやわらかく抱き込んで、裏ごししたかのような、なめらかさだ。

　出し方がそっけないほどシンプルなのも、私は気に入りました。京都でこれまで行ったことのある店の料理は、盆付きの器をさらに巾着袋に入れたりと、装飾性に富んでいた。典型的な観光客である私は、伝統工芸にふれたような気がして、それなりに満足する一方で、いささかの居心地の悪さを感じていたのも事実。あれはやっぱり、よそゆきの料理だったのでは。

地元の吉岡さんお気に入りの『らく山』だが、意外や、ご主人の原田楽山さんは山形出身だそう。そんなところにも吉岡さんのいう「都の機能」が現れている。

よそから来た人間が、一流の京料理を作るようになる。絶えず出入りする人々により、技術が継承される一方、進取の精神も高められていく。閉鎖的なイメージのある京都だけれど、思ったよりずっと風通しのいい町らしいと知ったのも、一日目の収穫です。

二日目の朝食は、吉岡さんおすすめの喫茶店、寺町『スマート珈琲店』へ。宿泊しているとつい、ホテルで朝がゆ

1日半から2日、西京味噌に漬けて焼いたまながつおの味噌漬け。口に入れやすいよう、皮に細かく包丁を入れてある。大徳寺納豆がアクセント

定食なんて選択をしそうだけれど、ここはひとつ町へ出よう。

　吉岡さんによれば「喫茶店でコーヒーとトースト」というのも、京都スタイル。たしかに、名店で朝から開いているところは多い。

　問屋街に近い寺町。店に入ると、レトロな昭和がありました。落ち着いた木の内装、革張りのソファ、控えめに流れるクラシック。アイロンのきいたシャツに身を包む店主が、ドリップで一杯一杯ていねいに淹《い》れる、香り高いブレンド。こんがりと均一に焼けた、正しいトースト。一日のはじまりは、やっぱりこうでなくてはね。

　ご婦人のひとり客が多いのにも驚く。ジャムトーストを頼んで、老眼鏡を出して新聞をめくる。お年寄りの女性が、喫茶店で朝ごはんをとるのを習慣としていて、違和感なく居られる店があるなんて、とてもすてき。

　今どきのカフェには、ない世界だな。隣の席の人と、いつの間にか喋《しゃべ》ったりして、みな常連さんらしい。ふだん着の京都に、ここでも少しふれることができた。

次々とやってくる常連客のほとんどが注文していた、トースト220円と珈琲400円。ジャムかバターを選べる（スマート珈琲店）

昼食は、吉岡さんは二つの選択肢を示してくれた。ひとつは肉。「京都は意外と、牛肉がおいしい」が吉岡さんの持論で、すき焼きも冬の味覚のひとつだそうだ。

炊き物の薄い味つけとは一変、こちらはこってり、濃厚に。割り下なんか使わない。熱した鍋に脂の塊を載せ、半透明になったところへ、ざらめと醤油をじかに振り、肉だけをまずまず焼いて食べる。肉のエキスがしみ出したところへ、九条葱《くじょうねぎ》を入れて、

「今の季節、葱はゼリーみたいなとろとろがあるんや、溶けて、水分が出るやろ、そしたらそこに、戻した麩《ふ》や糸蒟蒻《いとこんにゃく》入れて」

舌なめずりせんばかりに描写する吉岡さん。旨《うま》いもんについて語り出したら止まらないようで。

もうひとつは、うどんがおすすめ。それだ！「関東のそば、関西のうどん」の図式がいまだ崩れぬ私としては、京都では一食はうどんにしたいと思っていた。

のれんをくぐったのは、祇園『権兵衛《ごんべえ》』。吉岡さんのおすすめは刻みである。刻んだお揚げと青葱がたっぷり。

「冬は葱が甘くなるから、葱だけで作ってくれ言うお客さんもあるんですよ」

と店の人。熱々の丼《どんぶり》を顔に近づけると、湯気がふわっと香り、寒さにこわばっていた頬《ほお》が、いっきにゆるむ。汁をひとくち、ふたくちすすれば、鼻水が垂れて……食べ物に適した表現じゃないですね、幸福感のあまりとお許しください。

ふっくらと肉厚の京揚げと、九条葱を刻んで散らしたきつねうどん750円（権兵衛）

しっかりお腹を満たすなら、すき焼き。すき焼きのミニコース5891円（写真は２人前。三嶋亭）

お揚げは、豆腐の白い層のある京揚げだ。うどんは汁をほどよく含む、はんなり系。醤油の出過ぎぬ汁が、やさしい。

体が温まったところで、旅のもうひとつのイベント、お土産です。今回ぜひ買って帰ろうと、心に決めたものがある。利休麩だ。家ではあまり肉を食べない私にとって、お麩や湯葉はそれに代わる蛋白源。

なかでも油で揚げた利休麩は、ひきしまった繊維質の食感において、健康食品屋で売っている大豆ミートを、はるかにしのぐ。が、こと利休麩は、東京ではデパートの地下にも、なかなかない。

吉岡さんに相談したところ「麩ならやっぱり麩嘉《ふか》やろ」。代々、京都御所のご用を務めてきた老舗《しにせ》と聞く。

本店を訪ねると「注文生産なので、少ししかお分けできないんですけど」と、冷蔵庫から出してくれた。感動！

他の生麩も何本か仕入れ、湯葉の老舗「千丸屋」に回って、生湯葉も購入。いずれも全国的な知名度を誇る店の本店なのに、町の和菓子屋みたいな佇《たたず》まいが意外だった。いかにも手づくりらしく、ほっとする。

しめくくりは、京の台所、錦《にしき》市場。お目当ては上乾ちりめんだ。よく乾いているために、炊き込みご飯にしても生臭みが出ない。塩分もマイルドなので、料理に適し、東京でもわざわざ「関西じゃこ」と銘打ったものを、探して買うほど。「津の弥」にて購入しました。

錦市場には、お惣菜《そうざい》屋も多い。湯葉と茸《きのこ》の炊いたん、お揚げと菜っぱの炊いたん……吉岡さんの話のとおり、なるほど、炊き物好き

〝麩文化〟の豊かさは京都ならでは。花麩315円、蓬麩、栗麩、パンプキン麩など各577円～。右の茶色のものが探し求めていた利休麩336円（京の生麩　麩嘉）

のよう。

ぐじ、鰈《かれい》など、焼き魚の種類も豊富なこと。こんな充実した総菜屋が、近所にある京都の人が羨《うらや》ましい。市場まるごと、うちの隣に引っ越してきてほしいくらい。

年の瀬ともなれば、お正月迎えの準備で、いよいよ賑わうことだろう。その活気を先取りして分けてもらったのが、いちばんの旅土産かも。

ちりめん山椒「おじゃこ」85g 1050円。
茶漬けで京都を偲ぶ（やよい）

information

味　らく山（割烹）
京都市東山区四条縄手通上ル富永町108
本田ぎおんビル1階
TEL 075―531―8112
営 17時～23時　休 不定休

スマート珈琲店
京都市中京区寺町通三条上ル
TEL 075―231―6547
営 8時～19時　休 無休

三嶋亭（すき焼き）
京都市中京区寺町通三条下ル桜之町405
TEL 075―221―0003
営 11時30分～21時（L.O.）　休 水曜

権兵衛（そば・うどん）
京都市東山区祇園町北側254
TEL 075―561―3350
営 12時～21時30分（L.O.）　休 木曜

ヤマダファーム（農家の直売所）
京都市伏見区向島中島町34
TEL 075―611―0658
無農薬米のミノニシキ10kg　4600円、桃山大根の糠漬け100g　126円など。

京の生麩　麩嘉
京都市上京区西洞院通椹木町上ル
TEL 075―231―1584
営 9時～17時　休 月曜

やよい（ちりめん山椒）
京都市東山区祇園下河原清井町481
TEL 075―561―8413
営 10時～18時　休 不定休

天龍寺で味わう禅の心と精進料理

天龍寺 篩月

京都・嵐山

臨済宗の正式な客膳である朱塗り膳に美しく盛られた本膳

『篩月』の入り口

京都五山の第一位、臨済宗天龍寺派の本山である天龍寺は、世界文化遺産にも登録された名刹《めいさつ》だ。大方丈《ほうじょう》の縁側から、高僧、夢窓国師《むそうこくし》が造ったという池のある庭を眺めれば、静けさに、時の経《た》つのも忘れそう。

が、そこは生き物の性。お腹《なか》はちゃんと空いてくる。境内の龍門亭にて『篩月《しげつ》』の精進料理がいただけるそう。お寺で庭園美を堪能してから精進料理なんて、これぞ京都。

大方丈脇の新書院、龍門亭は、夢窓国師の六百五十年忌を記して建てられた。篩月とは夢窓国師の庵《いおり》の名。竹藪《たけやぶ》を透かして見る月影が、篩《ふるい》にかけられたようであったことから付けられたとか。

木の香りも清々《すがすが》しい畳の間で、緋毛氈《ひもうせん》の上に座る。運ばれてくるのは朱の塗り膳《ぜん》。臨済宗の正式な客膳だそうです。料理は、お寺の儀式などで供応用に出されていたものとか。

本膳は一汁一飯五菜です。手前の右に「汁」、左に「飯」。

どっち回りに箸《はし》をつけるなどの作法はあるんですかと、厨《ちゅう》房《ぼう》をはじめいっさいがっさいを取り仕切る小谷卓男さんに尋ねれば、

「特にありません。ひと粒も残さずに、ありがたくいただく

天龍寺の大方丈内から、夢想国師が作庭した曹源池を望む

ことです」

お茶席と違って、形から入るものではないらしい、というのが第一印象。雲水さん（修行僧）の場合は、音を立てず、むろん喋《しゃべ》ったりせず、食べることに集中する。

懐石のお椀《わん》にあたる汁から手にとる。にゅうめん、じゅんさい、三つ葉、どんこ。初秋のこと。庭と対座し、少し冷えた体に、温かなすまし汁がしみ込むよう。

精進であるからには、動物性の物は使えぬはず。ということは、だしも鰹節《かつおぶし》なしで？

「すべて植物性です。この汁は、どんこの風味がきいています」と小谷さん。椎茸《しいたけ》、昆布、干瓢《かんぴょう》などでだしを取る。正真正銘のベジタリアンフードだ。

飯は小芋の炊き込みご飯。中央に位置する「お平《ひら》」は懐石でいう煮物椀で、蓮根《れんこん》のすり揚げだ。高脂肪の食生活では、あたりまえになっている油の香りが、ここでは何かありがたみを増す。中はもっちりして、ほっとする歯ごたえと味わい。添えてある大根の煮物も滋味豊かだ。

秋は根菜類がおいしくなる。茸《きのこ》、木の実など山の物も豊富。小谷さんによれば、四季それぞれに恵みがあり、春は山菜、葉物、芽。日照りの夏にも、この地には京野菜があるし、冬は伝統的保存食というべき乾物を活用する。

もともと精進料理は、鎌倉時代に禅宗とともに中国から伝わった外来料理。日本の風土と食材とに合わせ、長い年月をかけて、工夫を加えた。麩《ふ》、湯葉《ゆば》、豆腐のバリエーションは、その過程で生まれたもの。その意味では、京の食文化のエッセンスが詰まっているともいえます。

お平の煮汁は醤油味で、一味唐辛子がきいて、お椀の汁とのメリハリがついている。「限られただししか使えないのに、こんな多様な味が出せるんですね」と驚きをそのまま口にしたが、小谷さんのお話を聞くと、その感心の仕方は、ずれていたみたい。

日本料理の味のベースはだしだと、ふつう考え

がち。なぜなら一般の料亭では、季節をどんどん先取りして、はしりの素材を用いるので。するとどうしても味付けによるところが大きくなる。海老芋を例にとれば、下茹《ゆ》でし、素材の味をいわばいったん抜いた後、だしや調味料をしみ込ませる。

対してお寺の厨房で使うのは、リアルタイムの旬の素材。そのものの持つ旨みがもっとも増す時期だから、海老芋も、さし昆布をして直炊きするだけで、じゅうぶんだと。

あくもぬめりもなるべく生かす。胡桃《くるみ》和えにしても、渋皮をむかずに、苦みとして味わって、食材を無駄にせず、できるだけまるごと使う。

「人間も同じで、役に立たん者、つまらん者は居いひんぞ、という教えですね」。余分を思いきって捨てて、もっともいい部分だけを贅沢《ぜいたく》に使うのが料亭の料理だとすれば、お寺の精進料理は「グルメの対極にあるもの」と小谷さん。

季節感と並んで重んじるのが、五法、五味、五色だ。五法とは生《なま》、煮る、焼く、揚げる、蒸すの調理法。五味は鹹《かん》（塩辛さ）、甘、酸、辛、苦の五つの味。五色は赤、青、黄、白、黒。必ずしもひと皿にすべての要素を入れよというのではなく、全体として実現するそう。

両木皿といって、向こう側の左右に「木皿」があるのが、臨済宗の本膳の特徴という。片方に海の物、もう片方には山の物を。

「飯」は、秋ならではの小芋の炊き込みご飯。柚子の香りをきかせて

「木皿」の一方は海の物で、ひじきと菊花と三つ葉の白和え。海の物といっても乾物を使う

「木皿」のもう一方は山の物。茄子田楽、利休麸、簀巻き豆腐、笹に包まれた麸饅頭、さつま芋の素揚げ、生姜

この日でいえば海の物は、ひじきと三つ葉、菊花の白和え。すった豆腐がつないで、実にマイルド。山の物は、盛り合わせで、皮付きのさつま芋の薄切り揚げや茄子《なす》田楽の甘さがやさしい。

化学調味料や添加物に慣れている人には、ぜひこの味を知ってほしい。食べ物って本来は、こんなにもすんなりと舌に、体に、受け入れられていくものなのです。

盛り合わせにはほかに、利休麩《りきゅうふ》、笹にくるまれた麩饅頭《ふまんじゅう》。両の木皿の間にある「坪」は、胡麻《ごま》豆腐だ。

麩も豆腐も植物性たんぱく質。肉や魚がなくてもじゅうぶん栄養バランスがとれています。

ここ天龍寺では三十年ほど前から、一般の人が精進料理にふれる機会を設けている。カロリー重視の戦後の栄養学ゆえか、はじめたころの人々の精進料理に対する認識は、「冷たい、量が少ない、栄養がない」。

ならば、温かくして出せるものは温かくしましょう。品数も多くしましょうと、努力して理解を広め

小谷さんの話は、現代人が忘れている
大切なことを思い出させてくれる

てきた。

飽食への反省と、健康志向ともあいまって、今では「低カロリー、自然食」と評価が逆転。昼三時間だけの営業にもかかわらず、多い日で三百食が出るという。

以上のものに、香の物までで本膳です。沢庵《たくあん》漬けが二切れつくが、「ひと切れは必ず残しておいて、最後に食べます。どうしてかわかりますか」と小谷さん。

雲水さんは空の器に次々と湯をつぎ、沢庵で拭《ふ》き、その湯も飲む。残さずいただいたことの証《あかし》であり、食べ終わると同時に器もきれいになっている。

ヘルシーフードとしての伝統食と、食べ物に対する態度の再発見。温故知新《おんこちしん》の精進料理でありました。

information

天龍寺 篩月
京都府京都市右京区嵯峨天龍寺芒ノ馬場町68 天龍寺内
TEL 075―882―9725 FAX 075―882―9726
営 11時～14時
休 無休

秘伝のたれを守り続ける

あつた蓬莱軒　神宮南門店

名古屋・熱田

これが熱田名物・ひつまぶし。お櫃の蓋を取ると、
その香りと色合いに、思わず歓声が上がる

名古屋市の南、熱田《あつた》神宮《じんぐう》は、伊勢神宮に次いで由緒ある大宮。「あつたさん」の呼び名で親しまれ、年間を通じて、多くの参拝者で賑《にぎ》わう。「あつたさん」と切っても切れないのが『あつた蓬莱軒《ほうらいけん》』です。

創業は明治六（一八七三）年。正門にあたる南門近くに、宮の宿本陣跡に料亭として構えたのがはじまりだそう。鰻《うなぎ》料理で名を馳《は》せて、「お宮参りの後は蓬莱軒で鰻」が、東海地方の人々のおきまりのコース。週末は、昼も夜も開店前から二百人ほどの行列ができる。そうまでして食べたい、鰻って？

一階奥の厨房《ちゅうぼう》では、職人さんたちがまっ赤になって、串《くし》を裏返しているところ。炭がかんかんにおきており、近づくと、すごい熱だ。

「はじめのうちは顔が火膨れみたいになるんです」、五代目女将《おかみ》の鈴木詔子《のりこ》さん。備《びん》長炭《ちょうたん》を使うので火力が強く、一二〇〇度前後にも達する。

備長炭を使い、1200度前後の火で焼く。焼き方の顔が火膨れになることもあるとか

四匹を長いまま揃えて、串に刺すから、壮観だ。関東は背開き、関西は腹開きで、名古屋も関西にならって腹から裂く。頭は落として、尾はつけたまま。関東では白焼きの後、蒸しの工程が入るが、その点も関西と同じく、蒸さずに

いっきに本焼きへ。

白焼きしたものを、創業以来百三十四年守り続けられたたれで焼く。その後二回、たれにつける。

あの高温では、へたすると、あっという間にまっ黒になりそう。ちゃんと焼けるようになるには、最低十年かかるという。

うなぎ会席は、夏のしつらえのお口取りからはじまって、お刺し身、吸い物、次が肝《きも》焼きだ。おや、苦くないですね。

女将《おかみ》さんによれば、「掃除の仕方」によるもので、肝のひとつひとつから、苦みのある部分を、手でたんねんにたんねんに取り除く。素材としての鰻を知り尽くしていてこそ成り立つ技だ。

焙烙《ほうらく》焼きに出る白焼きは、白醤油《しろじょうゆ》と生姜《しょうが》のたれでいただく。表面は、こんがりきつね色で、中はやわらか。そのコントラストを味わう。焙烙の上に敷き詰めた岩塩と利尻昆布《しりこんぶ》から、香気が立って、みりんのしみた白焼きを、品よく包む。

うまきは、ここの名物だ。やっと形をなすくらいに、ゆるく仕上げてあるところを、箸《はし》の先で崩し、口に運べば、だしが多めの卵汁と、ほろりとした鰻とが混然となる。鰻を芯《しん》に巻き込むのではなく、まんべんなく散らしてあるからでしょう。味つけは、だしと鰻のたれのみという。卵をだしで割ったのへ、焼きたての熱々を刻み入れると、たれがじゅわっとしみ出すのだとか。

うざくは、鰻と胡瓜《きゅうり》とを和えていただく。薄切り胡瓜のしゃり感と、ほどよい酢加減が、濃厚な鰻をさっぱりまとめ、涼感ある一品だ。

そしていよいよ、ひつまぶしです。『蓬莱軒』で生まれ、この店独特の食べ方として、全国に知られるようになった鰻料理。

栃の木のお櫃《ひつ》の蓋《ふた》を取れば、うな丼《どん》の丼《どんぶり》がお櫃に代わっただけ？

いやいや、鰻が一センチ弱くらいの幅の短冊切りになっている。これをご飯によくまぶし、お碗《わん》によそって、まずはそのままいただきます。ふっくらしたご飯に混じる、クリスピーな鰻の歯触りが、新鮮。

ふつうのうな丼でも、食べ終わりに近くなると、崩れた鰻とたれとご飯とが混じるけれど、脂で滑って、ご飯粒とうまくからまなかったりするのだが、これは実になじんでいる。

まっ黒なたれは、見た目はいかにも甘辛ふうだけれど、さっぱりした味。おいしいお米は、福島産のコシヒカリだそう。

一子相伝で代々受け継がれてきたたれ。味もさることながら、焼き上がりの色合いもすばらしい

うまき。だしが多めで、崩れそうにやわらかいのが人気の秘密。鰻のたれのみのあっさりした味つけだ

二膳目は、薬味と和えるのが、ひつまぶしのいただき方。葱《ねぎ》、山葵《わさび》、海苔《のり》をかけて。この組み合わせ、絶妙です。

薬味の中にはなかったが、鰻といえば、ふつう山椒《さんしょう》ですよね？　と女将に尋ねれば、あれはもともと臭み消し。昔から良い鰻を産する名古屋では、山椒をふる習慣はなかったという。他県からのお客さんにいわれて、詔子さんの代から、店で出すようにはしたけれど、先代は「うちは、そんな悪い鰻は使っていない」と、いつまでもおかんむりだった。そうだったのか。なにゆえ山椒か、はじめて知った。

三膳目は、薬味をたっぷりのせたところへ、湯気の立つだし汁をかけて、お茶漬け風に。ほんのり塩味の、鰹節《かつおぶし》ベースのだし汁だ。短冊切りの鰻をアクセントにしながら、さらさらっとかき込んで、後口もすっきり。唇が脂まみれになるんではと思ったのに。

そもそもよく三膳も入ったものです。自分で食べておきながら、信じられない。

「焼き方に特徴があるんです」と詔子さん。かりっとなるまで、じっくりと

ひつまぶしの一膳目は
そのままよそい、鰻そ
のものの味と、たれの
染み込んだご飯をじっ
くり味わう

ひつまぶし三膳目は薬味を載せ、熱々
のだしを注いでお茶漬け風に。これで
ひつまぶしを余すことなく堪能できる

ひつまぶし二膳目は、葱、刻み海苔、
山葵を好みで載せ、薬味と一緒に。薬
味はたっぷり載せたほうが美味

5代目女将の鈴木詔子さんはとてもきさくで明るい

焼き上げるのが、『蓬莱軒』の流儀。皮のほうは特に念入りに。そうすることで脂がきれいに抜ける。

なるほど、だからご飯にまぶしても脂がお碗に残らずに、ご飯粒にたれがよくなじみ、お茶漬けにしても、生臭くならないのだ。庶民的な食べ方のようでいて、家庭ではできない味なのでは。

「それと、使う前に鰻をたたせるんです」。たたせる?

生《い》け簀《す》に移して、四、五日間、井戸水をうたせ湯のように浴びせ続ける。その間、餌《えさ》は与えない。断食と滝修行とを同時に行うようなものである。それによって、泥臭さが抜け、余分な脂が落ちて、身が締まる。なるほど、よそには、まねできないわけです。

ひつまぶしは、『蓬莱軒』の登録商標。考えた人は、すごい天才だと思うけど、発明物語が実は笑い話だったりするのは、しばしばあることだ。

お宮の前には、かつて花街もあって、うな丼の出前も多かった。丼だと、空で帰ってくるとき、壊れやすい。あんまりしょっちゅう割れるんで、二代目に仕えた、お梅さんなる女中頭が「いっそ、お櫃にしては？」。人数分のうな丼を、ひとつの大きなお櫃に入れた。

でもそれだと、最初のほうの人が鰻を取ってしまって、最後のほうはご飯だけ。お客さんにそういわれて、ならば、皆に行き渡るようにと、細切りにしたのが、評判になった。

二代目当主は、考えました。同じものを店でも出そうと。会席料理の締めのご飯に、うな丼では腹に重たすぎるけど、これなら食べてもらえると。たしかに、です。

土用の丑《うし》の日、近し。すでに胃腸が暑さ負けして、鰻は食べたし、でも、もたれそうだしと悩む人にも、『蓬萊軒』のひつまぶしならだいじょうぶ。こういう料理に出合えるのも、「あつたさん」の御利益《ごりやく》かも。

information

あつた蓬萊軒　神宮南門店
愛知県名古屋市熱田区神宮2―10―26
℡ 052―682―5598
㊒ 11時30分～14時30分（L.O.）　16時30分～20時30分（L.O.）
㊡ 火曜（ただし祝日の場合、営業）

涼を味わう
京の川床料理

ひろや
京都・貴船

「石庭盛り」と呼ばれる鮎の姿焼き。漆塗りの台に、頭上の緑が映り込んで清々しい。手前にしめじの鞍馬煮、奥に岩梨が添えられている

京都の奥座敷と呼ばれる貴船《きぶね》。市内から車で三十分ほどのところだが、貴船口から坂を上りはじめると、ふいに深山に入ったかのような——。

貴船川に沿った道。両側には、うっそうたる木々が生い茂る。樹齢千年を数える杉もあるとか。

古木がつくり出す、独特の静けさに包まれて、仙境の趣です。かつては京都の財界人が、俗塵《ぞくじん》を避けおしのびで来る隠れ里だったというのも、うなずける。

やがて、川沿いに料亭が並ぶ一角に出た。貴船神社の参道前だ。

めざす『ひろや』は、鳥居のはす向かいにある、純和風造りの宿でした。貴船を代表する料亭旅館で、四季を通じて京料理をいただけるが、特に夏の川床《かわどこ》料理が有名。

玄関を入ると、吊るしてある銅鑼《どら》がどーんと鳴って、格式を感じました。

女将《おかみ》によれば、商売をはじめてからは三代目だが、さすが京都、この家の歴史は、はるか千年の昔にさかのぼる。一帯はもともと、天皇家の御猟場。『ひろや』は宮さまが泊まる陣屋で、狩りにおでましの折には、先導役を務めていた。

昭和初期、叡山《えいざん》電鉄が貴船口まで敷かれたのを機に、御猟官のかたわら料亭旅館を、宮内庁の許可を得て、開業した。

玄関から奥へ通されると、おお、こういう位置関係か、裏がすぐ川。簀《す》の子《こ》のような台を川に張り出し、青々とした茣蓙《ござ》が敷いてある。「床几《しょうぎ》」というそうだ。

目の前に滝があって、白糸の束のように落ちかかる水が、涼感を誘う。川全体が、流しそうめんのよう。滝を背景に、うちわを持って座っていると、われながらビールのポスターの中にいるようだな。

それにしても、ひんやりと感じられるのは、演出のせいばかりではなさそう。

「市内と比べて、一一度、宿の中でも上のお部屋とここでは、五度違います」と女将。標高がすごく上がったわけではない。水の冷たさと、おおいかぶさる木々により、日ざしがさえぎられるためではないかという。

すぐそばの崖《がけ》の木の根も岩も苔《こけ》むし、その先からも滴《しずく》が落ち、「水の里」であることを実感します。

川床をはじめたのは、今の女将の先々代。江戸時代の、おそらく元禄《げんろく》期のものと思われる絵の中に、鴨川《かもがわ》の流れの浅いところに宴席を張り、旦那《だんな》さんや芸者さんを、男衆が肩に担いで渡している図があった。昔の人は、そんなふうに夏を楽しんだわけかと、現代ふうにアレンジしたのが、この川床。

鴨川べりの飲食店が、川の上にずらりと桟敷を張り出す「ゆか」も、京都

門から玄関までの小路には、灯籠やつくばいが配されている

の夏の風物詩ではある。が、あちらはなんといっても、町のただ中。桟敷も、川からは二階家ほどの高さがある。水そのものを、というよりは、川風やネオンを愛《め》でると言えましょう。

自然の中にひたるなら、こちらは絶好のシチュエーション。床几の間から、川底の石まで見えるほどで、手を伸ばせば座ったままで水にふれることができる。「床」の読み方も、こちらは「とこ」。床の間に通ずるところ、すなわち部屋で、宿にとって「川の上の部屋」との位置付けだ。

そこでいただく料理となれば、やはり川魚が主ですよね。

門前で、貴船で生まれ育った3代目女将の廣谷晴美さんと

お造りは、氷鉢で供される。板前さんの手彫りのため、意匠はひとつひとつ違うが、私どもには百合《ゆり》をかたどったものだった。夏を代表する花だ。中が少し透けるさまが、いかにも涼しげ。

お碗《わん》は、青ずいきと柚子《ゆず》をあしらい、清々《すがすが》しく。冷やし鉢は、滝の白糸よろしくそうめんを巻きとって、笹

前菜２種。左は茄子豆腐に鮑のやわらか煮、ラディッシュと生姜を載せて。右はほんのり甘いいちじくのワイン煮に、麩を載せた胡麻あんかけ

お椀は、萩しんじょの甘鯛包みに青ずいきと柚子をあしらって、香り高くさっぱりと

見た目も涼やかな氷鉢で供されるお造り。鯛の刺し身、車海老の湯洗いに、莫大海(ばくだいかい)のゼリー寄せ、桔梗形の胡瓜に載った山葵などが添えられている

の葉の上に。こういうビジュアルでもって、体感温度を下げるような効果を出すのが、「和」のすごさであり、京料理の伝統の技だ。

盛り付けからしても、コース中のメインというべきは、焼き物。黒い漆塗りの台に、粉と塩をはいた白い線で、川を描き、その上に鮎《あゆ》の姿焼きを、あたかも生きて流れをさかのぼるがごとくに、配してある。芸術的！

人数の多い席では、台をずらりと長く連ね。滝が段をなし、最下流では渦を巻くように、あらかじめ計算して、描くとか。絵巻物さながらだ。

焼きたての鮎は、香ばしく軟らかく、骨までいただける。川魚好きの垂《すい》涎《ぜん》の的、奥琵琶湖《びわこ》の美山町でとった天然鮎を、この渓流で二日間泳がせたうえで、供する。川魚のおいしさは、水の清さと見つけたり。

前菜にはじまり、生姜《しょうが》を炊き込んだご飯で、後味よくしめくくるにいたるまで、水道水は実は一滴も口にしていないという。山の水をじかに引いてきている。魚のみならず、そうめんや吸い物を通しても、水を味わっていたのです。
一キロほど上流に、水源があるそうだ。

木々が茂っているとはいえ、風向きにより、日の高さにより、光がさす。浴衣にたすき掛け、紺絣《こんがすり》の前掛けの「美人さん」と呼ばれる女性たちが、かいがいしく立ち働く姿が、目に快い。山家《やまが》の女性のスタイルだそう。料理に息がかからないよう、肩の上に捧げて運ぶ。たくし上げた二の腕の白さが、せせらぎの反射でよけいまぶしかったりして。

澄んだ空気と水と渓流美。健康的で、ちょっぴり色っぽい「美人さん」。
「おつむの静養しておくれやすと、お客さまには言うてます」と女将。風雅な遊びの世界を、垣間《かいま》見た夏です。

『ひろや』と山の間を流れる貴船川は、いくつもの段差があり、流れが速い

information

ひろや

京都府京都市左京区鞍馬貴船町56

TEL 075-741-2401

営 11時～20時（L.O.）

川床は9月30日まで（雨天の場合は館内で食事）

沖縄の土と光と水を食す懐石料理

沖縄懐石 赤坂 潭亭

東京・赤坂

酢の物にあたる「南香釜」。手前右は海ぶどう、左はゴーヤー、白いのがヘゴ、奥は鞘巻海老。ヘゴは沖縄・八重山の野菜だ

土や木、和紙を使ったインテリアに
まず癒される

胎内回帰。そんな言葉を思い出します。土壁に囲まれ、手漉《てす》き和紙の照明から光がもれる、ほの暗い個室。古材の梁《はり》や柱が、落ち着いた雰囲気を醸し出す。温もりと懐かしさに満ちた空間だ。

網代《あじろ》の戸は、沖縄の旧家に見られるもの。座布団は芭蕉布《ばしょうふ》。「和」と琉球《りゅうきゅう》、ふたつの要素が調和して、土着的でありながら、ボーダーレスな斬新《ざんしん》さを併せ持つ。

「ヤマトと沖縄の出合う場」という『赤坂 潭亭《たんてい》』のコンセプトは、内装ひとつにも感じられる。脚本家の高木凜さんが、赤坂の一角に開いた。

供するのは、沖縄懐石。現地の料理そのままを出すのではなく、沖縄の素材を生かした懐石とか。コースは、宮廷料理、家庭料理、八重山料理、辻料理などの要素をベースに組み立てられているそう。使う器は、大嶺實清のやきもの、稲嶺盛吉の泡ガラス。沖縄の工芸家で、いずれもシンプルで存在感のある作風だ。そして、しつらえには細川護熙《もりひろ》氏作の香炉なども用いられている。

先付けは、沖縄産袖烏賊《そでいか》の豆腐よう和え。豆腐ようとは、島豆腐に塩をして泡盛《あわもり》と麹《こうじ》に漬けて発酵させたもの。ねっとりと、やわらかな肉質の烏賊にからんで、塩辛を超える酒の肴《さかな》かも。こうなれば、泡盛の登場ですね。

泡盛は、焼酎《しょうちゅう》のようなものと思われがちだけれど、沖縄では貴重だった米と黒麹《くろこうじ》で造った「王の酒」。ねかせるほど熟成が進み、かつての首里城には百年を超す古酒もあったとか。その伝統を受け継ぐ蔵元「瑞泉」の二十一年ものが、かめで送られてくるのは、東京でも、ここだけだ。

度数は高いが、奥ゆきのある味。アルコールに強くない私も、まろやかさにつられて、つい進みます。

前菜の中の一品、ドゥルワカシーは、ターンム（田芋）を茹《ゆ》でてつぶし、具を入れたもの。本で読んだことはあったが、旅行者の限界か、現地ではついぞめぐりあえなかった。東京のまん中で口にすることができるとは。

ここでは、四角い形に寄せて。ほんのり薄紫色のターンムは、えび芋のこくとなめらかさに、野性味を加えたような味といおうか。おやきにしても、おいしそう。

同じく前菜、素焼《すや》きにしたアダンの芽は、はじめての食感。うるいともホワイトアスパラともアーティチョークとも似て非なる……。アダンて、あの剣先のようなかたい葉っぱをした植物？

温もりに包まれる和風の個室

まさしくその葉の付け根の皮を剝《む》いた、芯《しん》だそうだ。中毒をひきおこすこともあるくらいの強いアクがあるため、二日間徹底的にさらして、抜いた。アダン独特の味と香りは残しながら。

余分なものは最小限までそぎ落とし、素材の本質をなす特質を、最大限にひき出す。日本料理の手法が、そこで生きる。だから懐石。

『赤坂 潭亭』の料理では、ふつうなら付け合わせとか添え物として、皿にそのまま残してしまいそうなものも、けっしておろそかにはできません。それこそが、めったに食べられない、沖縄独特の野菜だから。

例えば、お椀に緑の彩りを添えるナーベラ（へちま）。泥くささともいうべき香りが、甘みそ仕立ての汁の中のアクセントになっている。

沖縄の野生の食材を生かしたいと語る、高木凜さん

お造りは、那覇《なは》漁港直送の石鯛《いしだい》や、ガーラ、チヌといった島魚が中心だが、ツマだって、魚と並ぶ主役です。絹糸のように細く刻んだ、青パパイヤ、島にんじんのさわやかさ。ほろ苦い長命草。いずれも独特の清涼感で、生ものの後味をすっきりとさせる。スーナという海藻は、ふのりのような見た目と違い、こりっとかたく、

先付けの「袖烏賊豆腐よう和え」。巨大な袖烏賊の味は力強い。柚子を添えて

サンゴの海を連想させる。この歯ごたえ、癖になりそう。

炊き合わせは、ラフテー、ご存じ、豚の三枚肉の角煮だ。注目は、皮。いちばん外側に、ちゃんと皮が付いている。そう、皮があってこそ、食感の重層性が完成するのです。

皮と肉の間は、脂身でありながら脂っぽさがなく、コラーゲンの塊だ。舌の上でとろけて、体にすっとしみ渡るよう。それもそのはず、二日間煮て、脂抜きをすると同時に、パパイヤなどの果物を入れ、果物の酵素で軟らかくしているという。豚そのものも、やんばるで放し飼いに近い状態で育て、南国の太陽をたっぷりと浴びた、健康な寿豚《ことぶきぶた》。肌の内側からきれいになりそう。

焼き物は、アカジンミーバイという魚のヒハツ焼き。ヒハツは石垣に自生するツタで、その実をすりつぶした粉をまぶした。山椒《さんしょう》に似た香りが、フライにされることの多いこの島魚を、香ばしい一品にしている。

蒸し物は、沖縄のおぼろ豆腐ともいうべきユシ豆腐のしぼりを、アーサ（海藻）汁仕立てにしたもの、ここでも新食感の発見がある。オオタニワタ

お造りはガーラ、赤マチ、チヌなどの島魚と、島にんじん、長命草、青パパイヤなどの野菜。ツマではなく野菜も主役。残さずに食したい

献立が替わっても必ず供される「ラフテー」。やんばるで育った寿豚を皮付きのまま軟らかく煮込んである。緑のものは青臭さがおいしい島野菜のうりずん豆。黄緑のものは青パパイヤ。そして糸湯葉

リというシダの芽だ。くるんと巻いた、先のところを薄切りにした。きゅっきゅっと音のしそうな歯ごたえと、噛《か》むそばから出てくるとろみが、面白い。本土の山菜、こごみにも似ているけれど、スライスしてある分、もっとシャープ。おひたしにしてみたいけれど、東京では手に入らないでしょうね？

酢の物は、柚子釜《ゆずがま》ならぬ南香（沖縄みかんともいうべき柑橘《かんきつ》類）釜だ。ヘゴという野菜は、しゃきしゃきした中に粘りがある。現物を見せてもらって、びっくり。巨大なシダの芽で、けむくじゃらで、私の腕くらいの太さがある。そもそもよく、この食べ方を考えついたものですよ。

戦後、アメリカの物資が入ってきた沖縄では、食の様相が一変した。高木さんが、文献をひもといてみても、食材であることまではわかっても、食べ方はたどれないものが多かった。

なので『赤坂 潭亭』の料理は、琉球料理の復元というより、創造だ。

蒸し物は「ユシ豆腐潭亭風」。オオタニワタリとイクラと島らっきょうの梅肉和えを添えて

脚本家である高木凜さんは、沖縄に魅せられて『赤坂　潭亭』を開業。素材のほとんどを空輸し、沖縄の味を伝えている

素材の新しい生かし方を探究する。

かつての首里王朝の厨房《ちゅうぼう》も、そうだったのではないかしら。ヤマトの食、あるいは中国の食の要素を取り入れて、コスモポリタンな料理を展開していたのではと想像される。

ゆったりとした時の流れる空間で、いにしえの宮廷料理人たちに思いを馳せつつ、舌鼓を打つのです。

information

沖縄懐石　赤坂　潭亭
東京都港区赤坂6—16—11　浜ビル
℡03—3584—6646
㊔12時〜15時　18時〜23時
㊡無休（年末年始を除く）　要予約

冬支度の金沢で
優雅に加賀づくし

つば甚
金沢・寺町

「苞盛り八寸」。烏賊の菊花寿司、鞘巻海老のキャビア挟み、
栗のいが仕立て、ゴリのから揚げ、後ろはバイ貝田楽

十一月の声を聞くと、食い道楽の心は、北陸へとはやると聞く。カニ漁が解禁を迎えるのだ。鰤《ぶり》をはじめ、魚もいよいよ脂がのるころ。

大名気分で、贅沢《ぜいたく》に味わいたいなら、やはり金沢でしょうか。加賀百万石の城下町。江戸とも京都とも違う、独特の文化が栄えて、今なお息づく。海の幸のみならず、豊《ほう》饒《じょう》な加賀平野や白山山系を源とする水のもたらす幸にも恵まれ、殿様の奨励もあって、高度な料理が発達したというし。

金沢を代表する料亭『つば甚《じん》』は、宝暦《ほうれき》二（一七五二）年の創業だ。前田家のお抱え鍔師《つばし》の三代目甚兵衛がはじめたので、その名がついた。知己をもてなすだけだったのが、評判になり、藩主はもとより、藩の重臣、文人墨客、数々の時代の主役が訪れたそう。

庭園から見た『つば甚』の玄関

加賀会席のコースをいただく。

付き出しは、カニの茶碗蒸し。冷えた体にほっとしみ入る温もりです。上に載せたカニ子の塩辛が、味に奥行きを加えている。

八寸は苞《つと》盛りで。十一月は、兼六園をはじめそこここで、金沢の冬の風物詩、雪吊りの準備にかかる。その冬支度をわら苞によって表現した一品。

季節に対する感性と、それを具現化する技のこまやかさに、文化の蓄積を見る思いです。烏賊《いか》の菊花寿司、栗のいが仕立てなどの細工は、和菓子のように精巧だ。ゴリは、犀川や浅野川の清流に棲《す》む、カジカ科の川魚で、金沢に来たことを実感する。酒の肴《さかな》には、骨の歯触りを楽しめるから揚げが合いますね。

お吸い物のカニしんじょは、舌の上でふわっと広がるやわらかさ。やさしさに満ちたお椀の中で、干し子《ほしこ》の珍味が、アクセントをなす。ナマコの卵巣を干したもので、これも名物。形が三味線のばちに似ていることから、ばち子とも呼ぶのだとは、花街の影を思わせ、色っぽいではないですか。ナマコ漁の解禁も、十一月だそう。

そして、出ました。お造りに初鰤《ぶり》が。口に入れればとろけるような……なんて、やわな表現は適さない。引き締まった肉に、脂をしっかり抱え込み、これぞまさしく、凍《い》てつく荒波にもまれる寒鰤だ。十一月下旬、日本海独特の雷が鳴ると、シーズン到来だ。地元の人が、鰤おこしと呼ぶ雷雨である。

回遊魚だから、よそでも獲れるはずなのに、なぜ、鰤といえば北陸なのか。そのわけを、料理長の川村浩司さんは「漁師の腕」と考えている。定置網を仕掛け、鰯《いわし》や鯵《あじ》を追いかけて富山湾に入ってきた勢いのいいのを、泳がせたまま、徐々に網を狭めていく。寸前まで生きた状態にしておくわけで、その違いが味に出るのでは、と。

七尾《ななお》の漁師を親戚《しんせき》に持つ川村さんは、魚に詳しい。

料理長の川村浩司さん。「加賀料理は殿様に献上する料理です」

「金沢は食材がいいから、料理人が苦労しないんです」と笑うが、いえいえ、それはご謙遜。冬の客のほとんどが、鰤、カニを食べに来るといっても過言ではないから、その人たちの高い期待に応えるには、仕入れをはじめすべての段階に力量が問われる、厳しい仕事と拝察します。

同じくお造りの甘海老も、じゅうぶん太って、味は濃厚。

いい季節になりました。

次の焼き物は、蓋《ふた》付きの器で。私の好物、のど黒ではないの！　全国的な知名度はないけれど、焼き魚としては、いちばん美味な魚なのではと思っている。メバルのような、むっちりした肉質に、キンキのような上品な脂。日本海で通年獲れるが、旬はやっぱり冬だそう。

経木《きょうぎ》の下に、焼いた石を敷いたのは、熱さを保ち、かつ蓋を取ったとき、湯気が目を楽しませるように。五感への配慮が、ありがたい。

煮物は、出ました、鴨《かも》の治部煮《じぶに》。鴨猟の解禁も、十一月だ。少しだけレアに仕上げた火加減が、絶妙。肉に打った粉が、やわらかな食感と、独特のとろみを醸《かも》し出し、冷めるのを防いでもいる。

いわれは諸説あるそうで、前田利家が招いたキリシタン大名、高山右近の考案とも、彼に随行した宣教師の考案ともいう。

たしかに、ちょっと南蛮ふう。名物のすだれ麩《ふ》や、青物、地元の茸《きのこ》、小芋などの野の幸、山の幸と合わせる。滋味豊かな一品だ。

小鯛《こだい》姿唐蒸しは、根菜を刻み込んだおからを詰めての、姿蒸し。結婚式などおめでたい席には今も欠かせない。ごぼうの旨みと、鯛からのだしがきいている。

前田家は武門なので「腹を切る」のを忌み、背開きにするのが決まりという。おからをいっぱい詰めるのは、子宝に恵まれ、お家が絶えないように。一品一品に由来があって、ご当地ならではのものばかり。まことに加賀づくしです。

そして、お待たせしました。ズワイガニ。付き出し、お椀でちらほらと

お吸い物の「カニしんじょ」。カニのすり身団子に、干し子、いんげん、白髪葱、柚子。冬の加賀料理はカニがふんだんに使われる

煮物は加賀名物「鴨の治部煮」。
金時草、にんじん、かぼちゃ、
椎茸、百合根、麩と

焼き物は、のど黒をちり酢でいただく。
鞘巻海老の生揚げを添えて。経木の下
には石が敷かれている

「小鯛姿唐蒸し」。鯛におからを詰めて蒸した加賀の伝統料理。
おめでたい席には欠かせない

出ていたが、酢の物として、堂々登場！　身がいっぱいの雄のほうだ。

大皿にまるごと盛られたさまは、まさに豪快。これはもう、箸《はし》ではなく、手づかみでいかなくては。白い身が、早くもはちきれんばかりに詰まった脚。するするっと引き抜いて、せっかくの汁が垂れないよう、すかさずかぶりつく。

旨い。文句なし。来たかいが、ありました。

柚子釜《ゆずがま》に入れてあるみそを、惜しみ惜しみ嘗《な》め、意地汚いまでにカニを堪能してしまった私に、おしぼりの替えがそっと差し出される。指の匂いを消すようにだろう。レモンのスライスが挟んである。心遣いが嬉《うれ》しく、ちょっと恥ずかしい。

「殿様に献上する気持ちで、お作りしています」と川村さん。

ありのままの素材を生かしながらも、伝統的な「形」を忘れない。唐蒸しなら九谷《くたに》の皿に、治部煮は治部煮椀という、専用の塗り椀に盛るという、昔ながらの様式を守る。

前田家が育てた文化に敬意を払う姿勢は、料理、器づかいをはじめ、すみずみにゆき届いている。

留めは、松茸《まつたけ》や銀杏《ぎんなん》の吹き寄せご飯だ。米どころの米も、人数分ずつ土鍋で炊けば、いよいよおいしい。冬が深まれば、香箱《こうばこ》と呼ばれるズワイガ

16代目女将の鍔正美さんは聡明な美人。ファンも多いはずだ

ニの雌《めす》を炊き込みご飯にすることもあるとか。
雪のあるとき、また来られたらいいな。

information

つば甚
石川県金沢市寺町5―1―8
TEL 076―241―2181 FAX 076―243―1270
㊎11時〜14時（L.O.13時）17時〜21時（L.O.19時30分）
㊡無休（年末年始12／26〜1／3を除く） 要予約

Lesson 3

ごちそうな空間

食事って5W1Hだなと、つくづく思います。国語で習いましたよね。文章には「いつ、どこで、誰が、何を、なぜ、どのように」がだいじだと。

何を、はもちろんだいじだけれど、その他の要素も、おいしさにはとっても影響する。

いっしょに食べる人は「誰」か。これも大きい。若いうちは、それこそがかなりの割合を占めるのでは。「いつ」にあたる、誕生日とかクリスマスといった、ここぞの日の晩餐《ばんさん》を誰とともにするか。

大学の生協では、クリスマスのチキンを予約販売していて、イブの夕方ともなれば、カップルが包みを受け取り、仲よく去っていくのだった。

「これから下宿で食べるのか。愛があれば、破れ障子だろうが、ささくれ畳だろうが、ふたりのお城ってわけだろうなあ」

と後ろ姿を見送っていたが、相当やっかみが入ってますね。右の表現には。

しかししかし、そこそこ年を重ねれば、愛という魔法でもって、下宿もお城に変えてしまうほどの勢いや思い込みが失われてくるのが、人の常。「どこで」の比重は増してくる。

贅沢《ぜいたく》を言うようだけれど、今の私が大恋愛したとしても、

「君といっしょにご飯を食べたい」

と連れていかれた店が、とてもがさつな雰囲気だったら、醒《さ》めるものがあると思います。空間そのものも、落ち着いて食事を楽しめるようであってほしい。

一律な高級感を求めるわけではありません。

また今は、お店の側も、自らの特徴をつかみ、それぞれの「居心地のよさ」を提供しているようす。

郊外では広い敷地や、昔からある邸宅を生かして、まるで別荘に招くように。

都心なら都心で、街のまん中だからこそ、仮にビルの一室であっても、そこだけはくつろげる隠れ家的な機能を持たせている。

さらには、食事がすんでもなお「居ること」を味わえる、ステイという楽しみ方も現れた。

そして、部屋や建物といったハードだけでなく、サービスというソフトが伴ってこそ、そうした空間が成立することを、その中に身を置いてみて知るのです。

春うらら、雅のフレンチを

TERAKOYA

東京・小金井

オードブル１品目は「ロシア産キャビアを詰めた伊勢海老のピラミッドとブリック揚げ、タンポポとハーブのブーケ添え」

東京の西の郊外、小金井市。古多摩川がつくった段丘、通称ハケと呼ばれる崖線が、市の東西を貫いて、豊かな湧水《ゆうすい》帯をなしている。武蔵野の景観を、いまなお残す一帯だ。

ハケの上、高台に建つ洋館が、レストラン『TERAKOYA』。なぜにその名を？

「もともとは『料理指南　寺子屋』の看板を掲げて、フランス料理を教えていたんです」。三代目のオーナーシェフ、間《はざま》光男さん。洋画家だったお祖父さんは、若き日にパリで学んだ。そのときに覚えた料理を、戦後間もなく自宅兼アトリエで教えるかたわら、生徒以外の人も食べられるようにしたのが、はじまりだそう。

庭園には趣の違った４つの茶室がある。
竹林に佇む茶室「清蓮亭」

高台だけあって、眺めのいいレストランです。メインダイニングの南側は、総ガラス。せっかく庭があるのだから、一体感が出るようにと、光男さん自らがデザインした。斜面をなす庭の下には、風にそよぐ竹林と茅葺《かやぶ》き屋根。お寺があるんですか？　「いえ、お茶室です」。

広い庭園には、観音堂に、茶室が四つ。一つは舞台が付いている。春は桜、秋は紅葉と、四季折々の美を、お酒を飲みながら観賞するため、初代が建てたという。お祖父さんはモダンにして、風雅を愛する人でもあったらしい。

ゆったりした敷地、樹齢数百年と伝えられる梅や松の古木。都心ではかなえられない、贅沢《ぜいたく》な空間だ。「食べるのは、瞬間の楽しみ。庭や建物は、初代から時間をかけてつくり上げてきた、歴史のこもるもの。両方を味わってもらえるのが、このレストランの醍醐味《だいごみ》かもしれません」と光男さん。

料理はフルコースで、デザートまで合わせて九品から成る。

アミューズは蛤《はまぐり》と桜の香るロワイヤル。黒い皿に、桜の一枝を添えてあるのは、さすが、自宅に花見台までこしらえてしまったお祖父さんの血を、受け継いでいるというべきか。桜の葉を煎《せん》じたコンソメに、ロワイヤルはい

歴史の重みを感じる、古木の立ち並ぶ庭園

わば洋風茶碗蒸し。花冷えの語もあるようにまだ寒いこの季節、遠来の客に、まずはふんわりと温かい一品でくつろいでくださいとのメッセージを感じました。

器やカトラリーは、光男さん自身の目で選んで、少しずつ揃えてきたものという。

オードブルの一品目は、これもシックに、金と銀の皿を重ねて。伊勢海老の寄せ物が、着物の柄のように美しい。続く料理もそうだけれど、全体に「絵心」があるな。それと春野菜というテーマが、コースを通して貫かれている。この一品に添えられたのは、タンポポの葉を中心とするハーブのブーケ。

間さんの感じる、芽吹きの季節の味のトーンは、大地を割って伸びてくるものの、力強いアクやほろ苦さだという。完全に取り除いてしまわずに、料理に生かす方法を考える。

料理への情熱を語るオーナーシェフ、間光男さん

武蔵野イコール自然のイメージがあるから、お客さんはそのあたりも、料理に期待して来そう。遠いというデメリットになりかねないロケーションを、光男さんはむしろ個性に転じ、竹林の筍《たけのこ》、近くの農家の独活《うど》など、庭のもの、地の素材を、多く使う。都心からわざわざ出向いてくれるうえは、ここならでは、

オードブル2品目は「ラパン（兎）背肉の真空料理と甲烏賊の瞬間ポシェ、大地より出ずる春の野菜とともに」。野菜は空豆、独活、春葱など

魚料理は「キンキのポワレ、形を変えた3種の筍添え、エストラゴン風味のベアルネーズソース」

デザートは2品。これは「エキゾチックフルーツとクスクスのデザート」

そして自分ならではのもてなしを、印象に残してもらえるように。

盛り付けといい素材の取り合わせといい、「和」のエッセンスを感じるけれど、それも意識的に？

間さんの思うに、フランス料理は伝統的に、さまざまな国の要素を取り入れ、再構築して仕上げることに長けた手法。間さんも「和」を取り入れ、しかも単なる足し算でなく、自分の料理にして出したい、という。

オードブルの二品目の「真空調理」は、一九八〇年代前半に、フランス人が考案したものだそう。もとは保存法だったけれど、間さんは料理法として積極的に応用している。兎《うさぎ》の背肉、兎の骨から取ったフォン、フランス産発酵バター、庭の月桂樹の葉を真空パックに入れ、約五五度の湯に三十分間つける。火の通り加減は、温度かける時間の積算だ。これを判断できるようになるのが、経験であり、使いこなせれば料理の幅もぐんと広がる。食感や味のしみこませ方が、意のままになる。旨みを逃さず、形崩れしないメリットもある。

果敢に試みる人であると同時に、ていねいな人でもあ

ります ね。オードブルに続くスープは、平貝のクリュ、いわば刺し身に、コンソメを客の目の前で注ぐ。生の貝に熱々のスープをかけて濁らないのは何ゆえぞ、と思って訊《き》けば、切った後、日本酒を水で割ったもので洗うのだとか。やはり、一手間かけているのです。

メインの魚料理では、筍を何通りにも堪能した。オーソドックスなソテーで歯触りを楽しんで。ピュレ状にし卵と生クリームとともに蒸したフラン、同じくピュレを生地に入れ、細切りの筍を巻いたクレープで、また味わって。肉料理は、鴨《かも》のローストだ。春キャベツの甘みと、遠赤外線オーブンで半生にとどめたフォアグラのクリーミーな食感が、ワイルドな素材をやさしくしています。

自家製の手打ちパスタには、モリーユ茸《だけ》を練り込んで、モリーユ茸を戻した汁を入れたソースで和えてあった。ベースとなっているドミグラスソースに似た、このソース、「有機物で、祖父の代から受け継いでいる唯一のものかな」と笑う間さん。創業以来約五十年、味を確かめつつ、一年間に何回も足しては、守っていると。

「春のアミューズ、蛤と桜の香るロワイヤル」。洋風の茶碗蒸しに桜の花の塩漬け。目で、舌で、春の訪れを味わえる一品

祖父からの遺産と、現オーナーシェフが付け加えたものとの融合が、『TERAKOYA』の現在なのです。

光男さんが継ぐ以前は、フランス料理でなく、「世界料理」をうたっていた頃もあった。日本人の海外渡航がままならぬころ、せめて味の世界旅行を楽しんでもらおうと、イタリアン、中華なども取り入れて。「今は誰もが本場へも行ける時代になったから、逆にここでなければ味わえないものをと思って」。

そのベクトルの転換が、間ファミリーの人らしい。国が閉ざされていたころはグローバル化をめざし、開かれた今は、小金井という「地域」、自分という「個」から発信する。武蔵野の一隅にあって、『TERAKOYA』は常に新しい。

information

TERAKOYA
東京都小金井市前原町3—33—32
TEL 042—381—1101 FAX 042—384—0747
営 12時～15時 17時30分～23時
休 月曜 要予約

緑あふれる鎌倉で極上のローストビーフ

ローストビーフの店 鎌倉山本店

神奈川・鎌倉

特選和牛ロースのローストビーフ。パンは、初摘み・初搾り限定生産オリーブオイルにつけていただく

入り組んだ山の急坂に面し、ひっそりと門を構えているのが、鎌倉の古い家の佇《たたず》まい。ローストビーフの店『鎌倉山』は、そうしたお屋敷のひとつです。

林に囲まれた、芝生の庭には、野鳥やリスも姿を見せるという。平屋建ての日本家屋は、中庭に面したぐるりが窓で、もとは畳の間だったであろう部屋にじゅうたんを敷き、クラシカルな調度を配してあって、なんともレトロ。戦前の文化人の家の洋室って、こんなふうかしら。

鎌倉駅と大船駅からのどちらからも車で約十分。三十余年前の開店時から、この場所にあるそう。アクセスとしては不利でしょうに、なぜここに?

庭の奥深くにあるレストランの正面玄関

「山だからよかったんです。この緑の多さが」と語るは、オーナーの佐藤公平さん。

開店から少しさかのぼる、昭和三十年代中ごろのこと。吉田茂元首相が、大磯の別荘で開いていた「吉田学校」に、佐藤さんは縁あって出入りした。印象的だったのは、メンバーがテーブルを囲み、さまざまな話題について語り合いながら、ゆっくりと時間をかけて食事する姿。吉田茂は、羽織でくつろぎ、葉巻をくゆらせていた。日本家屋にダイニングセットという、佐藤さんが今思い出してみても「和室のような、洋室のような」部屋。縁側には、湘南《しょうなん》地方のやわらかな日がさして、木の桟にふちどられ、少しゆがんだガラス窓から、庭の木々がよく見えた。

高度経済成長のはじまりの頃。都市部では次々とビルが建ち、日本の街のコンクリート化が進んでいた。「自分が食事をするならば、蚊にくわれてもいいから、ビルの中ではなく、こういう自然の中でしたい」と佐藤さんは思ったそうです。その条件にかなったのが、鎌倉山のこの邸宅。

なるほど。でも、なぜローストビーフ？

これも「吉田学校」から。吉田茂は戦前、英国大使も務めた人で、イギリスの食べ物、ローストビーフは別荘の食卓にもよく上《のぼ》った。一般にはまだなじみのないものだったけれど、あえてローストビーフの店をはじめたところ、ついた客はほとんど明治生まれ。かつて、かの地で食べた「あの味」を懐かしんで。

洋行経験のある人が、あの時代にそれだけいたのも土地柄ですねと、佐藤さんに言えば、「鎌倉在住の一流の人たちに育ててもらった感じです」。戦争という時代をはさんだせいか、年配の人たちの、若い佐藤さんに対するまなざしは、温かかったという。

メニューは開店以来変わらないそう。盛り合わせオードブルは、鮑《あわび》、帆立《ほたて》の貝柱、

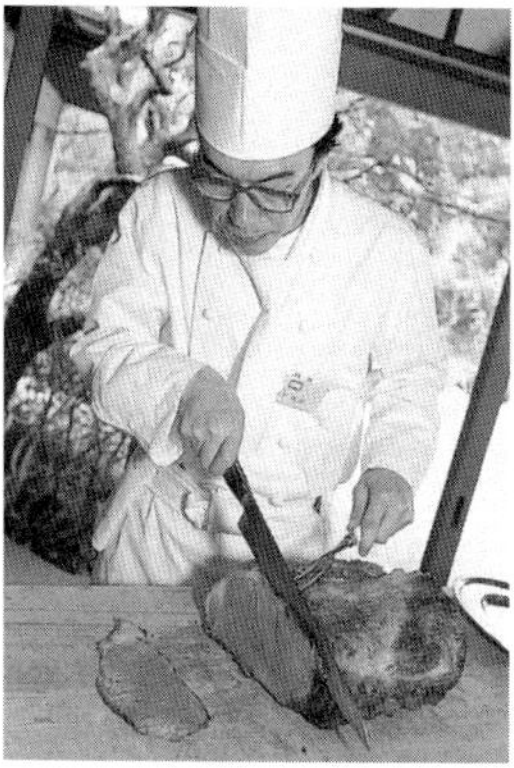
ローストビーフは客席で切り分ける。料理長・本店店長の大下久夫さん自らが、サーブしてくれることも

縞鯵《しまあじ》と、旬《しゅん》の魚介の生が中心だ。「開店当時からのお客様が、肉をメインにして、オードブルはさっぱりしたものを、とのご要望だったので」、海のものでまとめた。鮮度が大事なので、貝柱の三分の一は殻につけたまま。鮑への包丁の入れ方も、最小限にとどめている。

次いで伊勢海老のブイヤベース。これは色、香りとも濃厚。器の中の一匹から出ただしではなく、大量の伊勢海老を殻ごとつぶして煮出す。ローストビーフ屋だから、肉の切れはしも大量に出る。そこからとったコンソメと、野菜も加え、八時間かけて作るスープだそうだ。だからか、量は少しでも、旨みを堪能した満足感がある。

しかし、これから肉をいただくなんて、明治生まれは健啖家《けんたんか》です。メインであるローストビーフが入らなくなったらどうしようと、いささか不安をおぼえたところへ、ワゴン登場。もしかして、あのひと抱えもある、太い塊がそれ?!

脂の焼ける、こうばしい香り。鼻がまず反応する。切るそばから湯気が立ちのぼり、目にもあざやかなピンク色が現れる。皿に移すと一枚

オードブルの次は、伊勢海老のブイヤベース。
海老は鎌倉海老より小ぶりの地のものを使う

デザートは好きなものを２品選べる。この日はブルーベリーのババロア、いちじくのコンポート、キウイとサワークリームのショートケーキ、いちじくのショートケーキなど

で、八寸くらいの皿いっぱいになる。私の見知ったローストビーフは、ハムのように細長いのをスライスするものだが、これは「断面に焼きめのないレアステーキ」というべきか。焼き汁からつくったというグレービーソースと醤油《しょうゆ》のソースが、前者を多めにかけられる。

ひと口食べて「これがローストビーフだったんですね」。これまでの、ビーフ版チャーシューともいうべき、冷たい、汁気のないあれは、何だったのでしょう。

生のようでも、オーブンでじっくり火を通してあるから、人肌ほどに温かい。吉田茂さん、やっぱりあなたは食通でした。

一センチを切るくらいの薄さの、イングリッシュスタイル。アメリカンスタイルに分厚く切ってくれというお客さまもたまにいるが、嚙《か》み終わるまで、汁がじゅうぶん含まれているためには、このくらいの薄さがいいそうだ。一枚、約一五〇グラム。

それにしても、さくさくと喉《のど》を通っていく。肉は食べるのにも体力がいるものと思っていたが、実は逆かも。画家の前田青《せい》邨《そん》さんは、御年九十歳のとき車椅子《いす》でやって来て、一枚さっさと平らげるや「久々に何か描きたくなったから、紙と筆をくれ」と、佐藤さんに向かって言ったとか。食べるそばから、まさしく自分の血肉と化していくようだ。

私も一枚、きれいさっぱり平らげた。一五〇グラムの肉に挑んで征服したという感じではなく、まったく抵抗なしに、入っていった。おいしく仕上げたおいしい肉とは、こういうものなのでしょうか。終わって再度「これがローストビーフだったんですね」。

デザートワゴンが来て、ようやく気づいた。最初から ずっとシェフ自らがサービスしてくれている。接客担当、料理担当と分けないのが『鎌倉山』方式だ。シェフ全員で、庭の草取りや掃除といった客を迎える準備から、見送りまですべてに当たる。

「この山の中ですから、期待を裏切るようなことがあったら、次回はお運びいただけない。お客さまとじかに接することにより、ご満足いただいているかどうか、わかるんです」。料理長、本店店長をつとめて約二十年の、大下久夫さん。

ダイニングの左手奥テーブル。庭の緑の木々の向こうには、江ノ島の海が見渡せる絶好のロケーション

開店当初のお客さまのお孫さんが、離れと庭で、ガーデンパーティを取り入れた結婚式をするケースも多いという。親子三代にわたるつき合いだ。「鎌倉に育てられた店」との佐藤さんのことばを、そんなエピソードからも、深く得心するのです。

手前のソファでは食後のお酒をゆっくりと楽しめる。ダイニングの向こうには、芝生のきれいな中庭が広がる

information

ローストビーフの店　鎌倉山本店
神奈川県鎌倉市鎌倉山3—11—1
℡0467—31—5454
㊔11時30分〜14時（L.O.）17時〜20時（L.O.）
㊡無休（年末年始を除く）

葉山の海の幸、山の幸を味わう

葉山 日影茶屋

神奈川・葉山

涼感あふれる冷やし鉢「夏野菜と地蛸桜煮の琥珀寄せ、ごまあんかけ」。野菜もたっぷり味わえる

御用邸のあることで知られる、三浦半島の葉山。明治の中頃、外国人により保養地として紹介されてから、名士の別荘が建ち並ぶ地となった。おだやかな渚《なぎさ》を行けば、山裾《やますそ》の緑が、手にとれそうなほど近い。その海岸道路の脇《わき》に、落ち着いた佇《たたず》まいを見せるのが、『葉山 日影茶屋』です。

お香の焚《た》かれた玄関を通って、離れの座敷へ。鹿《しし》おどしが、澄んだ音を響かせる。池を囲む庭には、竹林がそよぎ、鎌倉石と呼ばれる、白っぽい石の崖《がけ》も背後に迫り、人工の山水とは異なる、野趣があります。

「建物は、昭和に入ってからのものですが、柱などは、明治の頃のと聞いています」と女将《おかみ》。一六六一年と言われる創業から三百四十四年が経《た》つ老舗である。街道を行く人が、腰掛けて休むような、文字どおりの茶屋からはじまり、料理茶屋へ。日影、という名が、なんともゆかしい。私も昔の旅人のように、緑陰にひととき憩うつもりになって——。

会席料理の献立は、一カ月単位。「少しずつ、いろいろなものを召し上がっていただこう」との、総料理長、小塚國昭さんの考えで、品数は十数品と多めだ。

先付けは、青じそをこうばしく練り込んだ魚素麺《うおそうめん》。

切れのよい、冷たいだしに、つるつるした素麺が口当たりよい。スタートにまず暑気を払う、夏らしい一品だ。

前菜は、カマスの焼き寿司《ずし》に、朝顔の形に作った長芋を添えて。木の団扇《うちわ》に載せてきて、季節感をさりげなく演出する。八幡巻きの牛は、知る人ぞ知る葉山牛。数が少ないため、全国的に出回ることはないが、海岸より少し奥まったところで今も飼育されているそうで、隠れた逸品と呼ぶにふさわしい、とろけるような肉質だ。

魚介類だけでなく、こうした特産品があることにも、海と山とに挟まれたこの地らしさを感じます。新蓮根《れんこん》の芥子《からし》黄身酢詰めは、この時期ならではの、蓮根の小ささが、かわいい。椀《わん》は、鱸《すずき》の葛《くず》打ちを、叩《たた》きオクラのすり流し仕立てで。オクラの緑が、目にも涼やか。葛のとろみとの相性もよし。

京都なら鱧《はも》で作りそうなものだけれど、「鱸もこちらでは夏の代表的な魚です。この季節だと、ほかにカサゴ、オコゼなんかもよく葛打ちにしますね」。出身もこちらの小塚さんは、このあたりの魚を知り抜いている。

三浦半島は、相模湾、東京湾の両方から魚が入る利点があるそう。鮑《あわび》、若布《わかめ》、青魚

離れのお座敷。木漏れ日と池の水影のきらめきに包まれて

の類、蛸《たこ》は名物で、魚屋とは別に「蛸屋」なる商いがあるほどだとか。伊勢海老も獲れる。

近くの佐島漁港に揚がる鯛《たい》や甘鯛は、東京にいちばん近い漁場の鯛として、築地でも高値で取引される。質のいいのが、東京の市場に行ってしまっている場合は、わざわざそちらから買い戻すこともあるそうです。取引のある市場、魚屋は、地元に三軒、東京、横浜に一軒ずつの、計五軒。

漁の状況にも左右され、同じサイズを一定量仕入れるのはたいへんだが、それでも「お出しする魚の少なくとも七割は、確実に地のもので揃えられます」。都心から一時間ちょっとで、地の魚を堪能できるなんて感動的。

「海老、カニがいれば、それを餌《えさ》とする蛸もいる。食物連鎖ですね」との小塚さんのことばに、かつては平目《ひらめ》も鯛も獲れたという江戸前の海を思い、少しく感慨にふけりました。

お造りは、その日入った旬の地魚。この日は、鰈《かれい》の洗いだった。活の鰈をぬるめの湯で洗ってからきゅっと身を締めて。ぷりっとした歯ごたえと、浜の香り。海辺の料理屋に来たことを実感する。

焼き肴《ざかな》は、賀茂茄子《なす》と太刀魚《たちうお》の田楽を茄子《なす》釜《がま》で。

総料理長の小塚國昭さん。葉山出身で、土地の素材を知り抜いている

前菜3種。手前はとうもろこしのかき揚げ、右奥はカマスの焼き寿司に朝顔長芋を添えて、左奥は新蓮根の芥子黄身酢詰めと葉山牛の八幡巻き

ここまでは、さっぱりとした味で来た流れに、アクセントがつく。茄子のねっとりした甘みと、夏にのってくるという太刀魚の脂とが、混然として。太刀魚って、こんなにマイルドだったっけ?

小塚さんに聞けば、そもそも太刀魚は日持ちがせず、質を維持するのが難しいが、新しいうちはくせがなくて「うちは、刺し身でも、握り鮨でも出しますよ」。定置網で獲ったもののほか、釣ったものも市場に入る。太刀魚の名の由来は、その輝きが太刀に似ているから、または立って泳ぐ習性から、と言われるが、相模湾では、海面近くを、ほんとうに立って泳いでいるのが見られるそう。鮮度のよいうち食べられる地元ならではの味ですね。

冷やし鉢は、ビジュアル的にも涼感があふれている。手桶《ておけ》には氷をふんだんに盛り、青々としたもみじをあしらって。切り子ガラスの中の琥珀《こはく》寄せは、名物蛸の桜煮と、空豆、かぼちゃ、冬瓜《とうがん》などの夏野菜とを、だしベースのゼリーで寄せたものに、ごまあんがかけてある。

焼き肴は加茂茄子と太刀魚の田楽焼き。甘長唐辛子、海老、木の芽入り

お造りは地の物を使うので、日によって違う。この日は浜の香りが漂う鰈の洗い

最後は、葉山じゃこと木の芽をたっぷり載せた新生姜ご飯。大葉じゅんさいと白芋茎の赤だし、香の物がつく

煮物は、自家製の豆腐と鰻《うなぎ》を巻いたのに、ほうれん草と金針菜の煮浸しを添えたもの。野菜類もなるべく、地のものにこだわっているという。三浦といえば大根だが、キャベツ、ほうれん草も特産だそう。

酢の物は、ちょっと変わった、トマトの醍醐《だいご》寄せ。醍醐、すなわちチーズだが、豆腐のようにまろやかで、すっきりした酸味が、芥子酢醤油と合う。素材の取り合わせは、イタリアンながら、和食のコースに、しっくりとおさまっているのでした。

小塚さんによれば、このあたりは、昔から食通の人の多い土地柄。大正時代の茶屋のメニューには、洋食がずらりと並んでいたくらい、新しもの好きの面を持つ。

フランス料理の部門が、別の店舗として独立した今は、「和」と「洋」とのメリハリをつけるため、また、「日本料理は、日本の文化を集約したもの」という考え方もあり、伝統的な料理を守っているが、それでも「常に何かひとつ新しいものを加えていく」ことで、味にうるさいお客さんを満足させる。「歴史は古いけれど、やっていることは先を行かないと、進

椅子席は庭の竹林を眺めながら、涼やかな気持ちで食事ができる。食後はぜひ庭の散策を

女将の木村仁子さんと風の渡る庭で、食後のひとときをゆっくりとくつろぐ

めないので」。現当主は十代目だが、三代前から、オーナーとシェフとを分けたのも、外からの風を入れる試みという。

ご飯は、土鍋《どなべ》で炊《た》いたもの。蓋《ふた》を取れば、さわやかな香気に、思わず目を閉じ深呼吸。新生姜《しょうが》を炊き込み、葉山じゃこと、木の芽をたっぷり載せて。

早めにはじめた夕餉《ゆうげ》だけれど、ご飯のお代わりをする頃には、長い夏の日も傾く。次また来るのを楽しみに、東京まで復路の旅へ、そろそろ腰を上げるとしましょう。

information

葉山　日影茶屋
神奈川県三浦郡葉山町堀内16
TEL 046—875—0014　FAX 046—876—2002
㈼ 椅子席11時30分〜14時30分（L.O.）17時〜22時（L.O.21時）
お座敷12時〜15時30分（L.O.13時30分）17時〜22時（19時30分までに入店）
㈫ 水曜

都市型オーベルジュで至福のフレンチ

アッシュ

神戸・北野

メインの肉料理「シャラン産鴨肉のロースト　煮込み野菜の付け合わせ　ソース・オーソン(血)」

神戸、山の手、北野地区。明治の中期に異国の人々が居を構え、いまなお多くの洋館が建ち並ぶ。その一角に建つ、ヨーロッパのプチホテルをそのまま運んできたような煉瓦《れんが》造りの建物が「神戸北野ホテル」です。クリスマスにかけては、ルミナリエの光がムードを高め、憧《あこが》れをかきたてる。

ホテル内のフレンチレストラン『アッシュ』の総料理長は山口浩さん。フランスの三ツ星レストラン「ラ・コート・ドール」の伝説的シェフ、ベルナール・ロワゾー氏の絶大なる信頼を受けて、神戸にあった「ラ・コート・ドール」で日本側のシェフを務めた。ワイン・セレクションは、フランス最優秀ソムリエに輝いた、リオネル・ルコント氏が、山口さんとの友情に基づき『アッシュ』のため特別に選んだものの直輸入だと言います。

こぢんまりとした神戸北野ホテル

店のプロフィールこそ華々しいが、料理のほうは、過剰な盛り付けをいっさいしないのが『アッシュ』の流儀。クリスマスディナーにもそれは貫かれていました。

冷たいオードブルは、ブルターニュ産オマール海老とキャビアのサラダ。スライスした身は弾力があり、すっきりした味わいです。キャビアの塩味をアクセントとし、キャビアの間に刻み込まれた胡瓜《きゅうり》のさわやかさがひきたつ。

ホテルの総支配人であり、総料理長でもある山口浩氏

ふつうオマールでは、こうはいかなさそうだけれど？

山口さんによれば、これぞブルターニュ産のオマールならでは。多く出回っているカナダ産のは、砂地に棲《す》むため、どうしても泥臭くなる。ブルターニュ産は、岩場にいるため透明感のある味で、海流の条件が、すばらしい歯ごたえをもたらすそう。「いちばん違いが出るのは、ミソです」。ドレッシングは、そのミソを、殻で取っただしでのばしたもの。スライスした身の上にオマールの卵も添えた。まさに一匹をまるごと味わいます。

温かいオードブルは、鴨《かも》のフォアグラのソテー、トリュフのソースだ。黒トリュフの香りを愛《め》でて、しっかりめに付いた焼き目を音を立てて割りながら、ナイフを入れる手応えを楽しんで。

このフォアグラ、とってもストレートですね？「がちょうのが一般的だけれど、鴨のほうが野性味があります」と山口さん。ポテトのギャレットを添えてある。豚足入りのポテトをポロ葱《ねぎ》で巻いたギャレットを崩し、フォアグラと和えて食せば、ポロ葱の甘みを含んだ繊維質に、ほかのものがクリーミーにからんで一体となり、単独でいただくのとはまた別の美味《おい》しさが生まれる。ひと皿に、食感や口の中で溶ける速度の異なるものを入れて、皿の上で混ざることも考えながら「最終的にどういう状態で、お客様の口に入るか想像して」構成するそう。作り手って、そこまで計算するんですね。

メインのその一、魚料理は、鮑《あわび》と帆《ほ》立《たて》貝柱の蒸し焼きと季節野菜の取り合わせ。帆立はポワレ、すなわち表面だけ強火で色をつけてある。旨み成分が凝縮し、固まった膜をまとったよう。フォアグラのソテーにも通じますね？「香ばしいし、中のジュースが逃げないでしょう」。

厚みのある鮑は、サイコロにしても、薄くスライスしてもよし。いろいろな食べ方ができるよう、よく切れるナイフが添えてある。この厚さで、このやわらかさを実現するのは難しそうだけど、「殻付きのまま、鮑のだし汁で蒸し焼きして、ちょうど火が通ったところ、硬くなりはじめる寸前で止めます」。タイミングのなせるわざですね。鮑の肝のソースのほろ苦さに、アクのあるアーティチョークが合う。

感じるのは、ひとつひとつの料理のテーマが明確なこと。あの皿ではオマールとキャビアを、あの皿ではトリュフとフ

『アッシュ』の店内

ォアグラを味わう、というように。中心となる素材は、原則ひと皿三品までとしているそう。盛り付けも装飾性を排し、「お客様に何を食べていただきたいのか、はっきりさせます」。ソースを上からかけず、下に敷く方法も、そのひとつだ。料理人にとっては、その分ごまかしがきかないわけで、厳しい仕事を自らに課すことになる。

メインのその二の肉料理は、シャラン産鴨肉のローストに、煮込み野菜を付け合わせた。ここでも、表面の皮は香ばしく、中にジュースを閉じ込めた、火の入れ加減を堪能する。舌、腎臓、スナズリは薫製かと思えば、コンフィだとのこと。がちょう

冷製のオードブルは「ブルターニュ産オマール海老とキャビアのサラダ　海老味噌のドレッシング」。赤い粒は海老の卵。まるごと一匹を味わい尽くす

温製オードブルは「ピエ・ド・コション（豚足）とポテトのギャレット仕立て鴨のフォアグラソテー添え」

アミューズ。カニ身をサーモンで巻き、鱒の卵と自家製カニせんべいをあしらう。ウニのソースを添えて

メインの魚料理は「鮑と帆立貝柱の蒸し焼きと季節野菜の取り合わせ　鮑のコライユ(肝)ソース」

の脂の中に入れ、低温で長時間熱を加える。浸透圧の関係で、旨みが外へしみ出ない。これもまた、素材をまるまる味わうもの。

ソースは、鴨の血と水だけという。これぞ、食通たちを驚嘆させたロワゾー氏の「水の料理」を受け継ぐものです。バターと生クリームは、ほとんど使わない。代わりに野菜のピュレや、素材そのものの持つブイヨンを用いるなどして、料理として成立させます。

二十数年前、山口さんがフランスで目にしたのは「フランス料理をこわがるフランス人」だった。店に入る前に、カロリーを尋ねる。以来「もっと軽く、もっとシンプルに」を追求し、『アッシュ』ではデザートを含めたフルコースでも、一〇〇〇キロカロリーを切ることが可能だそう。脂肪分を使わないと、旨みの幅は狭くはなるけれど、その限られた範囲に落とし込んでいくのが、料理人の力量だ。素材の選び方からはじまる、すべての段階で、「料理人にプレッシャーを与える料理」なのです。

鴨の産地、シャランの話が印象的だった。もの知らずの私が「有名なんですか」と尋ねると、「はい。今はひと家族しか作っていないんじゃないかな」。その説明と「はい」という答えとのつながりがわからなくて、さらに聞いた。有名なら、作り手が多くなるのではと。

山口さんによれば、フランスでは、「どこ産」を冠する条件はとても厳しくて、むやみに名乗ることができないそう。昔から良心的に作り続けてきた生産者を守るため。

産地がブランド化すると、われもわれもと参入し、結果的に食の信頼性、安全性を損ねてしまう日本と、なんたる違い！　グルメの国といわれるフランスだが、それを下支えする精神を、そんなところにも感じる。

異国情緒にひたるだけでなく、ヨーロッパの文化の奥ゆきにふれた、クリスマスディナーでした。

information

アッシュ
兵庫県神戸市中央区山本通3―3―20　神戸北野ホテル内
TEL 078―271―4007　FAX 078―271―3700
営 11時30分〜14時（L.O.）　18時〜21時（L.O.）
休 無休　要予約

もっと気軽に小皿でイタリアン

アルポルト

東京・西麻布

冷前菜の1品目。手前が「豚ほほ肉のパテ」、後ろ右が「鱈のマリネ」、左が「赤ピーマンのペペロナータ」。どれもひと口サイズの小ささで、食べやすい

イタリア料理を身近にした人といえば、東京・西麻布『アルポルト』のオーナーシェフ、片岡護《かたおかまもる》さん。数多くの著書や料理教室、そして何より人なつこそうな笑顔を通して、イタリア料理は健康的、もっと気楽にイタリア料理に親しもう、というメッセージを私もずいぶん受け取りました。

開店が一九八三年の『アルポルト』は、リストランテとしては古参だ。

コースは、なんと約十品。イタリアは食事がおいしいと聞き、張りきって出かけたのに、量が多くてプリモ・ピアット（第一の皿）より先へ進めなかったという方は、ぜひここへ。小皿料理の店なのです。

最初は、三種のアンティパストの盛り合わせ。赤ピーマンのペペロナータは、自然の恵みをたくわえた、肉厚のピーマンからにじみ出る、とろりとした甘い汁と、オリーブオイルの風味があいまって、まずはとってもイタリアン。ほどよい酸味も、食欲をそそる。

地下への階段を下りると
お店の扉がある

二品目の毛ガニのサラダは、見た目にもきれいで、まるで洋菓子。上から順に赤いトマト、白いカニの身、緑のアボカドが層をなしている。冬の毛ガニの甘さと、クリーミーなアボカドに、みずみずしいトマト。熟したトマトを、ミリ単位に小さく刻んでも、

「かしこまらず、楽しく食べられる店にしたい」という片岡護さん。自らが料理作りを心から楽しんでいるようだ

角がすっきり立っているところに、プロの包丁技を見る思いがする。

三品目の海の幸サラダは、さきのサラダと趣向を変えて、素材の姿をそのままに。頭と尾を残した鞘巻《さいまき》海老、芝海老。殻付きのムール貝、浅蜊《あさり》。輪切りの烏賊《いか》、蛸《たこ》。やわらかで、かつ、しっかりと甘みが閉じ込められているのは、茹《ゆ》で方ゆえか、素材のよさか。

産地をメニューにうたわないのが『アルポルト』流。どこ産だからと、頭で味わうのではなく、先入観抜きで「おいしい」と思ってもらえるものを、というのが、片岡さんのこだわりです。

四品目は、刺し身風サラダ。粒マスタード入りのドレッシングをたっぷりかけて、刺し身のツマ風のせん切り野菜をその上に。身の締まった平目《ひらめ》の薄切りに、ドレッシングをからませ、野菜を巻いて食べてもよし。しゃきしゃきした野菜の葉ざわりが、いかにもフレッシュ。サラダが連続しているけれど、さきの皿と一転、香味と酸味をきかせ、メリハリをつけている。

じつは、これ、ずっとアンティパストです。この日のコース料理十品のうち七品までが前菜で、うち四つが冷菜、三つが温菜。八品目にパスタで、九品目がメインディッシュ、そのあとドルチェという構成だ。魚介類を中心に、肉や野菜もバランスよく入れてゆく。

小皿料理の由来は、片岡さんのイタリア滞在時代にさかのぼる。総領事付きのコックとして渡ったので、こちらからは日本料理を学んでいった。現地では、リストランテでイタリア料理も勉強する。その中のひとつ、ミラノにあった「ダ・リーノ」は、おまかせコースで、十数品も出す店だった。おいしいものを少しずつ、という提供のしかたは、懐石と共通だ。イタリア料理になじむためには、この方法がベストだと思ったそう。ボリュームの問題も、小皿ならば、解決できる。

コースの流れはさきに書いたとおりだが、内容は、季節によって変わります。旬の素材を、そのものの味を生かしてシンプルに、という点も、日本料理に通じている。週に何回も食べにくる常連さんもいるために、メニューは月替わりでは、設定できない。日によっても少しずつ替わるそう。

冷前菜3品目「海の幸のサラダ」。
ムール貝、浅蜊、海老などをさっぱりと味わう

さて、五品目、ここからは温かいアンティパストとなる。運ばれてきたのは、これぞ、究極の小皿料理。ケーキ皿ほどのかわいい皿に、ひと口サイズのウニのパイ。つまんで、ぽいと頬張りたくなる。焼きたてのパイは、さっくさく。ほどよくレアなウニと、舌の上でともに崩れて混然となる。至福の味わい。

これほどさっくり仕上げるには、パイ地に相当、油を練り込まないといけないけれど、それでもお腹《なか》にもたれないのは、オリーブオイルゆえか。バターだと、こうはいかない。

パイに限らず、小皿とはいえこれだけの品数食べられるのは、オリーブオイル主体であってこそでしょう。何たって植物性だもの。バターは、ほんの香り付け

温前菜１品目「ウニパイ」。ケーキの皿にひと口サイズのウニパイが１個載っている

温前菜２品目「トリッパのパートブリック」。香草のソースをかけて

8品目「海の幸ラグースパゲッティ」。魚介の旨みがよく出たトマトソースが美味

9品目のメインディッシュは「牛ヒレの赤ワインソース」。塩とバターのみで仕上げた芽キャベツ、いんげん、蕪、ブロッコリーなどの野菜も素材の味が際立って美味

本日のケーキ。手前の「ティラミス」は口の中でフワッと溶ける軽やかさで逸品。奥は「いちごのタルト」

に使うだけ。イタリア料理がヘルシーといわれるゆえんです。

六品目に、豚足とトリッパ（牛の胃）のパートブリック春巻き風という、揚げ物が来ても受け入れられるのも、やはりオリーブオイルだからかしら。後味はすっきりして、残らない。高温で変質しにくいのも特徴だ。春巻き風の形も、かわいい。

さっきから、かわいい、きれいと、感嘆してばかりいるけれど、見た目の楽しさは、お店での食事ならではですね。小ぶりでも、華がある。

そうした高揚感も、アンティパストではだいじです。メインに向けて、盛り上げていくプロセスとして。

七品目は、この季節にぐんと甘みを増す白菜を、スープ仕立てにして、コーヒーカップで。極薄切りの鮑が、上品だ。ブイヨンがベースだが、あんまりすっと体にしみ入るので、「このだし、椎茸《しいたけ》ですか？」と聞いて、片岡さんに笑われてしまった。それほど澄んだ味わいなのです。

八品目のパスタは、海の幸のラグーのスパゲッティ。海老、烏賊、帆立貝のミンチのトマトソース。魚介類もミンチにすると、細めの麺《めん》によくからみ、丸のままより、いっそう旨みが引き出されるみたい。

九品目のメインディッシュは牛肉だ。質のいいヒレ肉を使って、ライトにさっぱりまとめ上げた。溝つきのグリルパンで焼いたらしい模様がついている。それによって脂がほどよく落ちたのでしょう。中は、切っても血が滴らない、ジャストな加減のレアである。

これほどの品数でありながら、すべて絶妙のタイミングで出てくるのは、驚きだった。家庭的なくつろぎのなか、家庭とは一線を画したプロの料理とサービスを堪能する。リストランテの醍醐《だいご》味《み》です。

ドルチェは「オレンジとグレープフルーツのゼリー　紅茶のグラニータ（シャーベット）添え」

information

アルポルト
東京都港区西麻布3—24—9　上田ビル地下1F
℡03—3403—2916
㊮11時30分～15時（L.O.13時30分）　17時30分～23時（L.O.21時30分）
㊡月曜　要予約
※コース内容は時期によって変わります。詳しくは、お店にお問い合わせください。

Lesson 4

進化する街、進化する料理

丸ビルの名は、子どもの頃聞いたことがあった。東京の会社まで通っていた父が、母にたまーに手袋や帽子といった装身具を買ってくる店が、丸ビルの中にあると。帰りがけ、会社から東京駅までの間に、あるいは昼休みにちょっと寄るのにちょうどいい距離だったんでしょう。

レトロな日本がたっぷりの、小津安二郎の映画の主人公が、北鎌倉から横須賀線で、都心の会社に通っていましたが、まさにあの通勤経路をたどっていたのです。

昭和の遺物のような響きのあったその丸ビルが、平成の世に、再び脚光を浴びようとは。

建て替えでグルメスポットに生まれ変わり、ランチタイムにはご婦人がたが詰めかけ列をなしていると、新聞や雑誌でもさかんにとり上げられていたのは、皆さんご存じのとおりです。東京駅からの人の流れも、構成する層も、一変したとか。昔懐かしい小津の世界に属していたビルが、突然トレンドの先端に。

「そうなんだ」と家にいて記事を読みながら、人込みのただ中に出向いていくパワーのない私は「ブームが少しおさまったら、行ってみるか」のつもりでいた。

あるとき日比谷で用事をすませたら、時間がある。運動不足解消を兼ね、東京駅へと歩くことにした。ふだん地下鉄で動く私は、地上の位置関係は、正確にはわかっていなかったが、まあ、だいたいこっち方面だろうと。

道路脇に、食品街らしきところへ通じる階段があり、何の気なしに下りてみると、おいしそうなパン屋が。粉の配合が多種にわたる、なかなか本格的っぽい店。女性たちで、ごった返している。

せっかく来たからと、会計に並んで買い、改めてフロア案内を見れば、流行のベジタリアンふうのデリもあるようで、ついでに覗《のぞ》いて。

再び地上へ戻り、東京駅をめざしてさらに歩けば、「いつの間に、こんなものが？？」と目をむくタワーが。そのあたりが、まさに丸の内の再開発地区であり、パンを買ったのがほかでもない丸ビルだったらしいことを、貼り紙で知りました。

「なるほど、たしかにおいしそうな店がたくさんあった。ブームになるわけだ」

少し遅れた私だけれど、街の変貌に居合わせるって、こういうことかしら。

一方で、周辺には入り口にカタカナで「ビルヂング」と表示のある古いビルも健在、背広にネクタイを締めたお父さんたちも健在で、ほっとする。

今日的な勢いと、新旧の共存を可能にする包容力と。そして、それらを兼ね備えた街には、その街にふさわしいレトスランがあるようです。

選り抜きの活魚、珍味に酔いしれる

松栄寿司

東京・恵比寿

締めの握りはシャリが少なめ。コハダ、ウニ、白魚、穴子白焼き、エンガワ、トロ、サヨリ、高菜と梅の巻き物。お腹のふくれ具合により、量の調節は自由だ

恵比寿《えびす》ガーデンプレイスに牽引《けんいん》されて、再開発が進む恵比寿の街。表通りから一本入った商店街も、昔ながらの佇《たたず》まいを残しながら、けっして閉鎖的でなく、ニューウエーブを取り込もうとする、風通しのよさを感じる。時代の変化に、しなやかに対応するのも、街の実力のうち。その象徴ともいえるのが、寿司の『松栄《まつえ》』です。

この地に店を構えて、三十年以上。そう聞いて、古い造りの家を探していったら行き過ぎてしまった。サンドベージュのレンガを張ったシックな外観は、まるでバーの入り口のよう。

中の壁もやはりレンガで黒に近いグレーの床に、白木のカウンターのコントラストを、間接照明がやわらげる。なんと洗練された空間なのでしょう。つや光りした付け台で、頑固親父が睨《にら》みをきかし……といった寿司屋のイメージと、だいぶ違うぞ。

若き店長の神田和人さんによれば、客の年齢層は幅広く、女性客も多いとか。さもありなん、これならば入りやすいもの。

コースが主体で、値段が決まっていることも、入りやすさのゆえん。刺し身ではじまり握りで締める、寿司屋の基本をふまえながら、しゃれた肴《さかな》に仕立てて、計九品。「お酒が進

寿司屋には見えない外観

店長の神田和人さん。『松栄』らしさを守りつつ、常に新しいネタを追い求め、新しい肴を考え出している。「松栄に来てよかったなと思ってくれることが一番です」

むよう、少量ずつ多品目を」が、神田さんのコースである。

春野菜とごま豆腐の突き出しで、お腹《なか》を開けて、刺し身の一品目は、青森沖の平目《ひらめ》の薄造りを、笹の葉に載せて。笹の緑が透けるほどの極薄造りでありながら、しっかりした歯ごたえが感じられるのは、さすが天然ものだ。

二品目は黒鯛《くろだい》の薄造り。平目がポン酢なら、こちらは藻塩とすだちを振って。海藻とともに焚《た》く。広島産の藻塩はあたりがやわらかい。旬《しゅん》の、よいネタを使うのは、もちろん、「ちょっと手を加えることで、いろいろな食感を楽しんでいただこうと」。

青葉の頃といえば、なんといっても初鰹《はつがつお》でしょうね。たたきに、もみじおろし、生姜《しょうが》、葱、小口葱を添えて、さっぱりとまとめたのが『松栄』ふうだ。

それにしても、目にするものすべてがきれい。料理も、器も、それらを包含する空間も。「せっかくお店で召し上がっていただくからには、形の部分も大事にしたい」と神田さん。切るそばから付け台に並べていく方式を取らないで、一品ずつ、それに合わせた器で出す。「形」を重んじるからだけでなく、順々に出すことで、いちばんいい状態で食べてもらえる、合理性もある。

焼き物は、蛤《はまぐり》の塩焼き。帆立《ほたて》の貝柱は醤油《しょうゆ》を塗って、香ばしく。目の前で炭火焼きしたのを、板前さんがカウンター越しに海苔にはさんで手渡ししてくれるのは、そろそろ打ち解けてきたところでの、ちょっとした交流だ。このタイミング、憎いねえ。

そして、出ました、「松栄スペシャル」。小鉢の中に、イク

帆立の磯辺焼き。七輪ごと供され、目の前で焼く。それを板前さんが海苔で巻いて差し出してくれる。ライブ感漂う一品

ラ、ウニ、烏賊《いか》、白海老、中落ちが、納豆を彩りよく囲んだところを、いきおいよく混ぜて。「見て、食べて」を旨《むね》とする『松栄』らしい一品なので、そう名づけた。ほろ酔いになり、お腹もひと落ち着きしたあたりで、「おおっ」と思わせる効果が、大。

流れが、よく考えられていますよ。一品一品は、創作性が高いけれど、肴としての必要条件は、外していない。珍味四品のうち、アンキモを煮魚のように炊いたものなど、食べたことがなかったけれど、甘辛さといいコクといい、たしかにお酒によく合う。

こういうのって誰のアイディアですか？　と問えば、神田さんオリジナルのもあれば、オーナーとの話の中から生まれるものもある、と。十年ほど前に店を継いだオーナーは、美味とあらば、和洋中のこだわりなく探求する。食べるのも飲むのも好き。なるほど、だから、酒飲みの気持ちがわかるのか。

お酒の品揃えにも、気をつかうでしょうね？　「日本酒を知り尽くした感じの方が来られるので」。めったに手に入らないといわれる。福井の蔵

活き造りの縞海老ほか、赤貝、白烏賊、トロ、鳥貝、平目。カウンターではタイミングよく、1品ずつ出される

珍味四品。炊いたアンキモ、
ホヤとコノワタ。塩ウニ。
タラコの昆布じめ。

人気の小鉢は、その名も「松栄スペシャル」。イクラ、ウニ、中落ち、白海老、納豆、烏賊。6種のネタと卵黄を混ぜて食べる。海苔で巻いてもよし。複雑で、まろやかな味わいが楽しめる

元、黒龍の限定大吟醸も置いている。
「今のお客様は舌が肥えていて、よくご存じ」とは、神田さんがカウンターで、日々感じていること。そうした人たちにとって、美味《おい》しい物が美味しいのは、当たり前。飽きられてしまわないためにも、「こんな食べ方もありますよ」という提案を、積極的にしていきたい。初めての人には、インパクトを与え、それがきっかけでリピーターになれば、個々人の好みがわかり、より満足してもらえるようになるだろう、と。

　コースの内容は、季節により日により変わるし、板前さんとお客さんとのコミュニケーションから、即興で作られるものもあるそう。握りも基本はおまかせだが、肴でかなりお腹がいっぱいになり、何と何だけちょうだいなんていうのも、カウンターでよく交わされる会話という。

　その「ライブ感」が、いいんだな。おまかせではあるが、おしきせではないのだ。

　私は握りも、フルに行きますぞ。まな板が拭《ふ》かれ、シャリの入ったお櫃《ひつ》が置かれると、「さあ」と気分も改まる。握る手もとを見ているのも、寿司屋ならではの幸せな

こだわりの日本酒

時間。さすがに、シャリは少なめだ。

鮪《まぐろ》は、刷毛《はけ》で煮切り醤油を塗って。新しい提案をする一方で、江戸前の伝統もちゃんと生きているのが、嬉《うれ》しいではないの。穴子もふっくら、よく味がしみ、いわゆる「仕事のしてある」寿司。

「この十年、特に四、五年ですね」、恵比寿の人の流れは変わったと、神田さんは言います。商店街も、かつて土・日の人通りは少なかった。今は逆。街が人をひきつける吸引力は、確実に上がっている。好奇心があって、感度の高い人たちだ。

満腹感以上の「満足感」を求めてくる、その人たちの水準に応えて、刺激し、刺激され、『松栄』の現在があると感じました。

information

松栄寿司
東京都渋谷区恵比寿南1―2―4
℡03―3711―4364
㊑11時30分～14時　17時～23時
㊡無休　魚介の種類は日によって変わる。予約制

日本の旬を取り入れた四川料理

赤坂 四川飯店

東京・赤坂

「舌平目のチリソース」。唐辛子の塩漬けをベースにしたソースは見た目ほど辛くなく、爽やかな甘酸っぱさがある。白舞茸を添えて

『赤坂 四川飯店《しせんはんてん》』を語るには、いくつもの枕詞がつく。鉄人、陳建一さんの店。日本の四川料理、発祥の地。

もともとは、今から五十数年前の昭和二十七年に日本にやって来た、建一さんのお父さん、陳建民さんが開いた店だ。

出身地である四川の料理をはじめとし、中国料理を広く紹介した。麻婆《マーボー》豆腐、海老のチリソースなど、日本で親しまれ、昔からあるような気がしているメニューも、建民さんがもたらしたのです。日本の中国料理を語るには、まずここへ来なければ。

父の跡を継いだ建一さんは、二代目にあたる。

おすすめコースのうちのひとつをお願いした。

スタートは、四種の秋の味覚のオードブル。「秋」といえば秋刀魚《さんま》をもってくるところが、さすが、日本の季節感を知りつくしている。香ばしい燻製《くんせい》にして。茸《きのこ》の湯葉巻きも、季節を先取りしたもの。

〝中華の鉄人〟陳建一氏。常に新しい味に挑戦し続けている

棒々鶏《バンバンジー》は、この店の人気メニューのひとつ。たっぷりと和えたごまだれは、むろんオリジナルだ。白ごまを煎《い》ってすりつぶし、油でのばした芝麻醬《ツーマージャン》、唐辛子の香りをごま油に移した、ラ

ー油がベース。いずれも、この店の手作りだ。クリーミーなこくと、ちょっとぴり辛のたれが、上品な鶏にからんで、美味。

四種は、日によって若干の入れ替わりがあるそう。

続いては、栗《くり》と帆立貝のミルク炒《いた》め。栗とエリンギ茸《たけ》が、秋の味覚です。四川省は、上海《シャンハイ》から揚子江《ようすこう》をはるかにさかのぼったところにある。山に囲まれたそこは、中国でも有数の茸《きのこ》の産地。食材としての、茸の扱いにも、先祖代々の知恵が込められているはず。

ここでは、ミルク仕立てで、ほっくりとマイルドに。四川料理は「赤くて辛い」というイメージがあるが、辛いものと、そうでないものと、メリハリをつけて味わえるのが、コースならではだ。

お次は、ポテトバスケット入り牛フィレ肉の辛子炒め。唐辛子の輪切りが、目に見える形で、ごろごろ入っている。指くらいの太さがある。

「これって、食べていいんですか?」料理長の鈴木広明さんに聞けば、これぞ四川より直送の「朝天辣椒《チアオテンラージョウ》」なる唐辛子。現物を見せてもらうと、小茄子《なす》ほどの大きさで、丸っこい。四川の人は、これと肉だけを炒めたりして、残さず食べるとか。香辛料と

5階の個室

いうより、具のひとつのようです。

そういう位置づけが可能なのも、単に辛いだけでなく、旨みがあるため。試してみれば、なるほど、日本のタカノツメのような、鋭角的な辛さではない。

油で炒めることにより、香りとともに甘みが引き出される。酢と組み合わせることによっても、味わいが増すそうだ。甘酢を入れて炒めたところへ、ざくろのフルーティな酸っぱさが合う。

痛さに似た辛さではなく、唇がはれてひと回り大きくなったような。麻酔効果とでもいうのか、独特の感じ。「花椒《ファージョウ》のせいでしょう」と鈴木さん。

花椒は、いわゆる実山椒《みざんしょう》だが、日本のそれとは別物のよう。鈴木さんによれば、たくさん入れると苦くなるので、少量でもきく中国産は欠かせない。「山椒は小粒でぴりりと辛い」は、中国産のほうのことに違いありません。

唐辛子の辛さは「辣《ラー》」だけれど、こちらは「麻《マー》」。渋く、しびれるような刺激。建民さんが、日本に来た当初は、中国産の山椒は手に入らなかった。人々の舌もまた、辛いものに慣れていなかった。本場では、山椒をきかせる麻婆豆腐も、山椒抜きで、唐辛子もタカノツメで代用し、辛さをひかえめにして作った。それでもまだ「辛すぎる」と文句を言われ、客の口に合うよう、工夫に工夫を重ね、独特の進化を遂げてきた歴史がある。

「四種の秋の味覚のオードブル」。右上は「クラゲの甘酢和え」で生のほおずき入り。右下は「茸の湯葉巻き」。左上は「秋刀魚の燻製」。左下は人気の「棒々鶏」

山椒も今は、唐辛子同様、四川省から運んでくる。摘みたてを真空パックにし、飛行機に乗せて。「麻」の味は、時間がたつにつれ失われるので、市場を経ないで、直送するといいます。

日本でも、四川省の山椒使用をうたう店は増えている。ここのは、地元の契約農家が「陳建一専用」に作っているもの。

「よそには絶対、まねできない味です」と鈴木さん。

フカヒレの姿煮は、高級中国料理店に来れば、やっぱり食べたい一品です。ふっくらした厚みと、整ったきめが、素材のよさを物語っている。スープのとろみと、軟骨まわりのゼラチン質とが、一体となる。

中国料理は、鮑《あわび》、ナマコなど乾物をよ

「ポテトバスケット入り牛フィレ肉の辛子炒め」。牛フィレ肉、カラーピーマン、椎茸、葱、カシューナッツ、ざくろの実に、朝天辣椒の辛みと、花椒のしびれとが複雑に絡みあう

おなじみ「フカヒレの姿煮」が、コースの中に組み込まれているのがうれしい。独特の歯触りとスープの旨みをじっくりと堪能したい

く使うが、四川省では、海産物といえば乾物。戻して調理することにかけては、中国一といわれる技術を、堪能する。

車海老とパクチョイは、さっぱりと塩味炒めで。フレーク状の金華ハムが、アクセントだ。

そして、舌平目《したびらめ》のチリソース。ソースの赤は、目がさめるようにきれい。トマトケチャップの色かと思えば、「いえ、入れていないんですよ」と鈴木さん。

先代により普及した、海老のチリソースは、辛さに慣れない人が受け入れやすいよう、ケチャップを入れ、とろみをつけたもの。こちらの魚のつけだれは、ケチャップなしで、海老チリより甘酸っぱいのが、特徴だ。

唐辛子だけでこの色だとすると、かなり辛い？　と、思いきや、牛フィレ肉の辛子炒めもそうだったが、辛さだけが突出することはない。酸味、甘み、香り、塩味など、多様な要素が入り混じり、相乗効果で、複雑な味わいを醸し出すのが、四川料理と知りました。微妙で、奥深い世界なのです。

陳さんが自ら取り寄せている本場四川の香辛料の数々

このチリソースには、唐辛子の塩漬けをペーストにして用いている。「二筋條《アールチンティオ》」という唐辛子。大形だが、「朝天辣椒」と異なり、細長い。発酵性ではないので、あざやかな色が保たれ、なおかつ、生とは違った味わいが出る。添えた白舞茸が、季節感と、山の滋味を加える。

日本の「旬」の代表的素材を、四川の伝統的な料理法で味わう。創始者とは別の時代の、日中融合がありました。

information

赤坂　四川飯店
東京都千代田区平河町2―5―5　全国旅館会館5・6F
TEL 03―3263―9371　FAX 03―3263―3872
営 11時30分〜14時（L.O.）17時〜22時（L.O.21時）
休 無休（年末年始休み）なるべく予約を

ドラマチックにヌーベル・シノワ

トゥーランドット 游仙境

横浜・みなとみらい

「鱈魚子洋葱」（ビタミンがいっぱいの新玉葱の温野菜）は、タラコと分葱の彩りが初夏らしい

中国料理店の名といえば、難しげな漢字が並ぶなか、この店はカタカナであることからしてちょっと異色。『トゥーランドット』とはプッチーニのオペラのタイトルで、ヒロインの名でもあります。北京の紫禁城がモデルといわれる、華麗なる王宮を舞台に、美しく誇り高い皇女トゥーランドットの愛を得ようと、ドラマが繰り広げられるのだ。

白い円柱とポーセリンの壺《つぼ》（やきものではなくポーセリンと言ってしまうあたり、すでに雰囲気にのまれている）を配したエントランス、中国というよりは、シノワズリー趣味を有する、ヨーロッパの富豪の館のよう。装飾性の高い天井から、重厚なカーテンが垂れ下がり、手すりに囲まれた一段高い客席は、さながらオペラハウスの観客席。

壺を配した入り口を通り抜け、めくるめく世界へ

が、さすが「横浜みなとみらい」のロケーションを生かして、港側に大きく窓をとり、カーテンを開ければ、店全体が海に面したテラスのよう。淡い色のテーブルクロス、バンブーのような素材感の真っ白な椅子《いす》は、コロニアルふうでもあるのだった。

コース料理は、西洋皿でめいめいに一品ずつ

温厚なジェントルマンの脇屋シェフも、厨房内では厳しく、真剣そのもの

供されるフレンチスタイル。総料理長は、ヌーベル・シノワの旗手として知られる脇屋《わきや》友嗣《ゆうじ》さんです。

一品目は、まるのままの玉葱《たまねぎ》のスープ仕立て。中国料理は冷菜ではじまることが多いようだけれど、温野菜で来ましたな。「鱈魚子洋葱《シェユイズーヤンツォン》」。花のようにあしらったピンクのタラコと、緑あざやかな分葱《わけぎ》との、きれいな色めが初夏らしい。脇屋さんによれば「新玉葱と分葱が甘くおいしくなる季節なので」、ぞんぶんに味わえるようにした。たしかに、甘い。

野菜がちゃんと野菜の味がすることに感動します。タラコの塩分は引き立て役だ。

帆立貝とじゃがいもを焼いてソースをかけた「香煎鮮帯子《シャンジェンシェンタイズー》」も、帆立貝だってジューシーでじゅうぶん主役を張れそうだけれど、やはり新じゃがの甘みとほくほく感がメインという。

かつては野菜はつけ合わせくらいの位置付けだったが、現代人にとっては、旬《しゅん》の野菜をたっぷり味わうのが、何よりのごちそうだもの。「時代が変わり、食べ手も変わっているのだから、作り手も変わっていかないと」。脇屋さんを評価するのに、発想の斬新《ざんしん》さが常に挙げられるけれど、なるほど、このあたりかと思いました。ベースにするのは上海料理。広東料理や四川料理と比べて、具体的にイメージしにくいけれど？

脇屋さんの説明では、上海料理そのものが、さまざまな地方の料理をとり入れた集大成というべきものだそう。豊かな都市なので人々の舌が肥え、魚米《いい》の里も近いため、質の高い料理にまとめ上げられた。

あえて特徴を挙げるなら、醬油と砂糖でしっかりと味つけした煮込み。ご飯に合うし、日本人にとってはどこか懐かしいのでは、という。「香煎鮮帯子」の甘辛いソースは、それに少し近いかも。

続きましては、土鍋にせいろを載せたものが登場。せいろの中には、生の空豆、アスパラガス、生きた車海老、せいろの下には熱々の石が入っているという。ポットには、緑の色もさわやかなお茶。高級烏龍《ウーロン》茶として知られる台湾の凍頂《とうちょう》烏龍茶。その一番茶だそうだ。

せいろの蓋《ふた》をパッと取り、ポットのお茶を回しかける。焼け石に水ならぬ、焼け石にお茶？　湯気がふわっとあがり、蓋をしてもなお立ちのぼる。若く青い香りから、焙《ほう》じたような芳《こう》ばしさに変わる。まず鼻で味わう料理というべきか。

蓋を外すと、車海老が真っ赤、空豆もアスパラも目のさめるような色に蒸し上がっている。イベント性がありますね、これは。楚々《そそ》とした温野菜にはじまり、ここへ来ていっきに、静から動へ。

この料理に限っては、めいめいがせいろに手を伸ばす。熱々の空豆をつまみ、指先でおっかなびっくり、皮をむく。「全部が全部とり分けてお出ししても、つまらないでしょうから。仲間とわいわい言いながら食べるものが一品くらいあっても、いいかな」と脇屋さん。盛り上がること請け合いです。

「清香蒸海鮮《チンシャンツォンハイシェン》」。茹《ゆ》で海老だと、臭み消しに生姜《しょうが》入りのタレをつけたりするけれど、こちらはお茶の香りがしみて、まさに「清香」。何もつけなくていい。

初夏といえば、新茶の季節。本場、中国の産地では、その日に摘んだ葉を炒《い》る香りが、あちこちから漂って、シーズン到来を感じさせるそう。その香りを食卓で再現しようと、脇屋さんが考えたのが、これ。

中国でも、お茶の料理があることはある。が、海老ならば茶葉といっしょに炒めてしまうというように、葉そのものを

焼けた石を擁した土鍋に、車海老と生の空豆の入ったせいろが載って登場。凍頂烏龍茶の新茶をかけ回すと、蒸気とお茶の香に包まれる

「香煎鮮帯子」（新じゃがいもと海原の恵み、酸味とぴり辛！）は、帆立貝よりも新じゃがいもが主役という贅沢さ

主食は２品のうち１品を選べる。「瓢香荷葉飯」は蓮の実と干した貝柱、干し海老、黒豆が入った、さっぱりとした味わいの中国チマキ

用いることが多い。脇屋さんは、飲むお茶を生かせないかと、デザートから試してみたという。アイスクリーム、プリン、ゼリーにお茶を使った、三茶のデザート。

「清香蒸海鮮」のヒントとなったのは、中国にもとからある、石焼き料理なのだとか。土鍋、熱した石、せいろという仕組みは同じで、湯をかけて蒸し焼きにするもの。それを原型にアレンジしたそう。伝統と創作との、みごとな合体といえましょう。

初夏には、端午の節句もありますね。中国から伝わってきたもので、本場でもチマキを食べる風習が残っているそう。それにちなんでコースのまとめに出た食事は「瓢香荷葉飯《ビャオシャンホウイエファン》」。蓮の葉でもち米をくるみ、蒸してある。大きな蓮の葉を伏せた形が、趣たっぷり。

干し海老と干し貝柱の、ほのかな塩分と旨み。蓮の実と黒豆のやさしい甘さ。上品で、かつ薬膳《やくぜん》を思わせる味でもある。ふつうの中国チマキと違い、脂っぽくないので、

一段高いところにある席は個室としても利用できる

最後は「明前龍井茶」。中国緑茶を代表する龍井茶の香りと甘さに浸りつつ、食後の余韻を楽しみたい

いろいろをいただいた後でも、まだまだお腹《なか》に入ります。デザートの後は、中国の緑茶の銘茶、龍井《ロンジン》でしめる。龍井のコクの、余韻がしばし残る。オペラのタイトルを冠した店名にふさわしく、ドラマチックなコースでした。

information

トゥーランドット 游仙境
神奈川県横浜市西区みなとみらい2—3—7
パンパシフィックホテル横浜3F
TEL 045—682—0361〜2
営 11時30分〜14時30分(L.O.) 17時30分〜21時(L.O.)
休 無休

伝統の上にきらめく モダン・スタイルの中国料理

溜池山王 聘珍樓

東京・赤坂

「オーストラリア産活鮑の北海道産ウニ炒め」。エリンギ茸や色野菜を添えて

創業明治二十年の老舗で、横浜中華街の開祖といいます。中華街のシンボルとなった、朱塗りの楼門を建てたのも、実はこちらの先代社長。高級中国料理として、本場香港にも四店舗を出している『聘珍樓《へいちんろう》』だが、新しいところでは、ここ溜池山王《ためいけさんのう》のビルにある。

政治の中心、永田町に位置する超現代的タワーの高層階。眼下に見えるのは首相官邸。胸のすく光景です。

ロケーションに合わせて、中国的な装飾はあえて排したのか。インテリジェントビルの外観と一致する、洗練された室内。テーブルにはナイフ、フォークをセッティングしてありました。

コース料理は、あらかじめ取り分けたうえで供される。ホールスタッフも、フレンチの店経験者が主という。数ある『聘珍樓』のなかでも、こうしたスタイルは、溜池山王の店がはじめてだそう。

前菜といっしょに、キールロワイヤルをすすめられる。『聘珍樓』のベースは広東《カントン》料理だけれども、広東式の前菜は焼き物中心のため、鋭角的な味のシャンパンでは、ともすると反発する、甘めのお酒が合うでしょう、と。ソムリ

位置皿にナイフとフォーク、グラス。セッティングはまさにフレンチスタイルだ

エのいる中国料理店なのです。

中国料理とキールロワイヤル、初体験のコンビネーションを楽しむうち、沸騰する音も賑《にぎ》やかに、小さい土鍋が運ばれてきた。香りのよさに、耳のみならず鼻もそちらのほうへ。「聘珍樓式」フカヒレの姿煮。二品目で早くもヤマ場を迎えたかしら。

若き料理長の西崎英行さん

このスープ、ふつうの醤油《しょうゆ》味ではありません。とろみのうちにコクがあり、香ばしく、繊維の一本一本の間によくしみて。聞けば鶏の中雛《ちゅうびな》を、形がなくなるまで煮込んだものを、「上湯《シャンタン》」で割ったとか。
なるほど、鼻をひきつけたのは、鶏の皮の焼ける匂いに似ていたからですね。皮も骨も、ゼラチン質としてスープに溶け込んで。
「上湯」は金華ハムや鶏モモなどを、濁らぬようつきっきりで八時間ほどかけて煮て取る、広東料理の「だし」ともいうべきもの。そして、そこからが「聘珍樓式」と名づけたゆえんだが、一般に広東式の姿煮は、フカヒレを蒸した後スープと合わせるところを、こちらでは味を浸透させるため、はじめからスープで煮込んでいる。
お次は、活鮑《あわび》とウニの炒め。エリンギ茸《だけ》や、赤、黄ピーマンとともに。ウニのオレンジ色が洋食器に映え、食材の取り合わせといい、見た目の華やかさといい、ちょっとイタリアンのよう。

『聘珍樓』では料理人の海外研修として、あえて中国料理以外の食文化圏へ行くこともあるという。「感性の違いは、すごくヒントになります」と若き料理長。

開かれた中国料理なのですね。良いものはボーダレスに取り入れようとの試みは、お酒の組み合わせや、サービススタイルにとどまらない。

鮑の歯ごたえや、クリーミーな感じを残したウニは、「活」ならではです。中国料理の魚介というと、干し鮑、干しナマコ、干し浮き袋など、乾物を思い浮かべるけれど、こちらでは「活」の海鮮を主としているそう。火の入れ方がちょっと過ぎても硬くなり、足りないと生臭くなる。

「料理人には力量の試される素材です」と料理長。

ワインはシャブリのモンマンを。シャブリは通常酸味が強いが、この作り手はリンゴ酸を乳酸に変えまろやかに仕上げるので、魚だけでなく貝にも合うからとソムリエがすすめてくれた。いくら多種類取り揃えてあっても、選ぶ知識のない私には、頼もしい限り。

メニューを見れば、この先コースは、野菜、また海鮮と流れるようで、しばらくは白ワインでいけそう。お酒と料理とが引き立て合いつつ、スムーズに進行していくの

「白金豚のスペアリブの紅麹煮込み（右）と白金豚の五粮液蒸し（左）」。五粮液は白酒の一種

「色とりどりな前菜の盛り合わせ」。鰻入り伊達巻き、巻き海老の紹興酒蒸し、白金豚のチャーシューなど9品

が心地よい。

それにしても、中国料理にワインとは？

「ワインはもともと、発酵食品に合うんですよ」とソムリエ。

いまや香港でも食事中老酒《ラオチュー》を飲むのは少数派だそう。ワインと中国料理の相性は、ホテルのレストランに行く層のみならず、一般の人も気づくところとなり、広まった。人間の舌は、頭よりも、ずっとグローバルな器官なのです。

季節の野菜は、広東白菜の腐乳炒め。腐乳とは、豆腐に菌をつけて塩漬けにした発酵食品だ。昔から、おかゆに添えたり、味つけに使ったり。

新しい要素を積極的に取り入れる一方で、こんな土着的とも言える伝統的料理法を、確実にものにしているのが、老舗《しにせ》のすごさだと思う。広東白菜などの中国野菜は、千葉県柏の契約農家で、作っているそう。

素材へのこだわりは、肉料理にも表れている。岩手県花巻の白金豚《はっきんとん》を使っている。ストレスをかけないように自然に近い環境で、オーガニックで育てるもの。抗生物質を使用していないので、安

「ライチとピーチのピンクムース　季節のフルーツとライチシャーベット添え」

全だけれど、その代わり、親からの感染を防ぐため、仔豚の段階で、親と隔離したり。たいへんに手がかかる豚だと聞いたことがある。

「中国料理で肉といえば、やっぱり豚を味わっていただきたいので」と料理長。白金豚のスペアリブの紅麹《あかこうじ》の煮込みと、五粮液蒸しと、二種類の味つけは、ソムリエもいう「発酵食品」を生かした、これぞ中国料理というべきの料理法。なおかつ、素材の組み合わせや盛り付けに、現代的センスがブレンドされています。

肉料理となれば、ワインは赤。カベルネだと豚にはちょっと強すぎるでしょうと、クロペガスのメルローをすすめられた。枯れ葉にも似た独特の香りが、次に控える茸《きのこ》料理にも合うでしょう、と。

五種類の茸の煮込み麵《めん》。茸は中国料理では、油通しすることが多いけれど、香りを引き立たせ、かつ水分をとばすべく、焼いたそう。ワインと茸と、秋らしい香りの競演です。

コースの締めはデザートで、この日はライチとピーチのムース、ライチシ

ワインリストは種類が豊富。説明もていねいに書かれているので選びやすい

ャーベットを添えて。ソムリエのみならず、パティシエまでいる中国料理店なのです。デザートワインは、シャトー・ドワジ・デーヌ。フランスのソーテルヌの貴腐《きふ》ワイン。甘く濃密な香りが、フルーツと合う。

お酒と料理とが最後の一品至るまで、みごとに手を携えて。旧来のスタイルとはまた違って粛々《しゅくしゅく》と、かつゴージャスに進行していく食事に、中国料理の最先端を見る思いでした。

information

溜池山王 聘珍樓
東京都千代田区永田町2―11―1 山王パークタワー27F
㊋03―3593―7322 FAX03―3593―7327
㊇11時~23時（L.O.22時） 土曜以外は15時~17時クローズ
㊡日曜・祝日
※料理やコース内容は、時期によって変わります。詳しくは、お店にお問い合わせください。

技に裏打ちされた斬新なフレンチ

シェ・ワダ御堂筋 レストランSimpei

大阪・本町

肉料理は「ロニヨン（乳飲み仔牛の腎臓）のソテー」。付け合わせを排除し、フレッシュグリーンペッパーとシャンパンのソースだけでシンプルに仕上げてある

大阪の御堂筋《みどうすじ》は一流企業のオフィスや世界のブランド店が立ち並ぶ、関西経済の中心地。背景の南船場は、繊維会社が個性的なブティックへと続々生まれ変わりつつあって、まさに新旧交代のさなか。ニューウェーブのうねりが感じられる。

二つのエリアの接点に位置する、「シェ・ワダ御堂筋」は、トレンドミックスのロケーションにふさわしい、新しいタイプのレストランビルです。カフェ、カジュアルレストラン、パーティ会場と、複合的に展開していて、核をなすのは、『レストランＳｉｍｐｅｉ』。一九八六年以来、関西のフレンチ界をリードしてきた「シェ・ワダ」が、この地に移転、オープンしたもの。

ウェイティングルームからダイニングへ。「お店」というより「部屋」の雰囲気がある

ウェイティングルームは、じゅうたんにアジアンリゾートふうの家具を配し、東西のアンティークの器を飾って、ヨーロピアンにオリエンタルが入ったムード。ジャンルにとらわれない料理をイメージさせて、期待度満点だが、「まだまだ気に入らない。もっと時間をかけて消化していかないと」と、和田信平シェフの欲はあくまでも深いよう。

コース料理の前菜はテリーヌと、いたって正統的なはじまり方です。が、フォアグラの間を埋める甘酸っぱいものは、ドライフルーツかと思えば、あみがさ茸《たけ》。真ん中のオレンジ色のゼリー様のものは、温泉卵の黄身をハチミツに漬けたものだと。味と食感は、ねっとりと重厚。「味の濃いテリーヌはもともと、パンをたくさん食べるためのものだったんです」。そうした歴史的背景をふまえながらも、意外な素材の取り合わせです。

同じ皿に添えられているものは、形は同じテリーヌふうだけれど、食感は一転。トリュフがぽきぽき、口の中で割れるのと、じゃがいものほくほくした軽さが、楽しい。砂肝とトリュフとじゃがいものサラダだ。

フォアグラやトリュフといった「これぞフレンチ」の高級素材を、温泉卵や砂肝といった、庶民的なものとあえて合わせるのが、ワダ流かしら。アッと驚く創意で知られる和田シェフなれど、けっしてキワモノ的にでなく、品のよい皿にまとまるところが、センスなのでしょうね。

ご本人に聞けば、完璧《かんぺき》なるフレンチに近づけていくのが、面白くてたまらないときもあったけれど、今は「わかりきった料理よりも、壊していくことを楽しんでいるかな」。情報の量も速さも増して、水準も上がり、日本のフレンチ

圧倒的な存在感のある和田信平シェフ。笑顔が意外にかわいい

はトレンド面でもテクニックでも、現地とほぼ差がなくなった。コピーに飽き足りなくなったとき、「もっと自由になりたくて」この店をつくったそう。

　万人に支持される料理には、和田さんは危険を感じるという。味覚はもともとパーソナルなもののはず。人によっては「こんなものフレンチではない」と言うかもしれないような、「やんちゃな部分」を失いたくないと。「僕がめざすのは、限りなく三つ星に近い、二・五星くらいかな」。

　テリーヌは、作る側としては面倒な料理だそう。何段階もの下処理がいるし、供するタイミングも難しい。手がかかるわりに「受けない」ので、今ではあまり作られなくなった。でも、ちゃんと仕事をすれば、美味《おい》しくてインパクトのあるものができると示したくて、時代遅れとされるのを承知で、前菜に持ってきたと言います。

　フレンチの本質をつかんだうえで、発想は斬新《ざんしん》に。それができるのは、テクニックの下支えあってこそ。このお店の神髄に、のっけからふれる思いでした。

　魚料理は、岩牡蠣《がき》のワラビ餅《もち》包み。ウニ、キャビアを載せ、ココナツミルクをエスプレッソのように泡立てたソースをかける。海の香りと塩分を、ココナツミルクがマイルドにする。ワラビ餅の半透明の膜が、つるんとした喉《のど》越《ご》しだ。

「牡蠣をいかに安全に食べてもらうか、から発想した料理なんです」

　生が好まれるけれど、鮮度があるほど、実は危険も伴うもの。火を入れたうえで、いかに生のような食感を出すか。そこでワラビ餅を思いつくあたりが、関西かしら。加熱によって出る牡蠣のジュースを入れて作るそうで、どうりで、食感のみならず、味も牡蠣らしいのです。

肉料理はといえば、こちらは一転、素材としては正統的フレンチだ。ロニヨンのソテー。乳飲み仔牛の腎臓です。

脂肪をつけたままスライスし、マスタードを塗り、薄く粉をつけて焼いてある。表面は香ばしく、芯《しん》にかすかーにレアな感じが残る。崩れるような軟らかさの中に、内臓らしい歯ごたえがあって、このレストランビルではないけれど、まさに「複合的」な食感。乳飲み仔牛だけあってクリーミーなとこ

魚料理は「岩牡蠣のワラビ餅包み」。ウニ、キャビア、トマト、ハーブが彩りよく散らされ、エスプレッソ仕立てのココナツミルクソースをかけていただく

デザートは「ハーブのシャーベットとホワイトチョコのムース」。甘みを限界まで抑えた青臭いシャーベットが新鮮

ろへ、シャンパンから作った酸味のあるソースと、さわやかなグリーンペッパーが、アクセントをつける。

乳飲み仔牛の段階で食べてしまうのは、非生産的で、いかにもヨーロッパ的な贅沢《ぜいたく》といえましょう。その点でも「これぞフレンチ」なのだが、ビジュアルはきわめてシンプル。

フレンチというと、ゴージャスな盛りつけを期待する向きには、そっけなく思えるくらいだろうけれど、和田さんとしては本質だけ残し、後は「どこまで削るんだってところを、やりたかった」と。かつては、ひと皿の中にこれでもかとばかり積み重ねていくのが、たまらなく魅力的で、その勢いに乗りまくっていたが、「今は逆に、捨てる勇気が出てきたかな」。

人生にはいろいろな時期があり、そのときどきで作りたい料理がある。

「今の自分はこうです、というものを出していきたい。その中でひとつでも、次の世代に渡せるものがあれば嬉《うれ》しい。単品として示せるものではなく、火の通し方とか、そんなものかもしれないけれど」

同じことのくり返しは、自分がつまらないからと。いつもいつも「挑戦の人」。料理に限らずどの世界でも、第一線で活躍し続ける人の共通項なのでしょう、きっと。

information

シェ・ワダ御堂筋　レストランSimpei
大阪府大阪市中央区久宝寺町4―1―6
TEL 06―4704―4008　FAX 06―4707―3587
営 11時30分～14時　17時30分～21時30分（L.O.）
休 月曜（祝日の場合、営業）

落ち着いた雰囲気の個室。静かに、ゆったりと食事をするのに向いている

紳士淑女が食事を楽しむ、
一流と呼ばれる店に、
恥をしのんで行ってみて、
いろいろ勉強になりました。
その中で副次的に学んだことを、
いくつかのテーマに分けて、
おさらいしてみます。

Review 1

素材のはなし

食事を通して、それまで知らなかった、いろいろな素材と出合いました。聞いたことはあっても、食べたことはなかったもの。口にしたことはあるけれど、もとはどんな姿をしているか、目にしたことのなかったもの。まずはその、お話から。

し。

ワイン

中国料理には紹興酒《しょうこうしゅ》、という図式が、頭の中にできていた。料理そのものにも使うでも『溜池山王《ためいけさんのう》 聘珍樓《へいちんろう》』では、フレンチのお店にひけをとらないほどのワインを揃えている。そしてなぜか、主たるセレクションはカリフォルニア産。

このお店には、シェフ・ソムリエなる人もいて、ワインと中国料理との相性を語ってくれた。中国料理は、ものによって香辛料をきかせたり、濃い味つけをしたり、フレンチと比べれば、インパクト系の味なので、「果実味の強さが、合うんです」と、シェフ・ソムリエ。

カリフォルニアワインは、ワインの中でも、考え込むタイプではなく、口に入れた瞬間に広がる果実味を特徴とする、やはりインパクト系のもの。若い年代のでも、美《お》味《い》しく飲めるし、香りがすぐに立ってくるので、何時間前に抜栓して、といった気をつかわなくてすむ。オールマイティ性の点でも、中国料理と共通する。

両者の相性を知ってもらおうと、店ではワインの会を開くことがある。テーマに沿って、四〜五種類のワインが、料理長の特別メニューとともに、供される。ソムリエによる解説付き。

私が出席した日のテーマは、カリフォルニア赤ワインの古酒。ロバート・モンダヴィというワイナリーの四種類を、年代別、ブドウの品種別に飲み比べるとか。

「古酒」とは何年以上のものを呼ぶといった、厳密な定義はないという。カリフォルニアワインは、通常二、三年から五年くらいのうちに飲まれるので、十年だと古い部類に入る。

立ったままテイスティングするのかと思ったら、ふつうの食事会のように着席して味わうそうで、お酒に詳しくなく、食べるほうが主になりそうな私は、ほっとした。

ワインとそれに合わせた料理とが、順々に供される。グラスを空にしないと次に進めない方式ではなく、飲みさしのものも並べておけるので、量のいかない私でも、全体の流れについていける。後から飲み比べて、違いを確かめることもできる。

ワインというと、グラスを回して香りをたてるのが、通の飲み方と思っていたが、ソムリエによると、古酒は、体力が弱っている可能性もあるので回さないようにと。知ったふうなまねをしないで、よかった！

一九九二年のカベルネ・ソービニヨン。料理は焼き鴨《がも》のピタブレッド添えだ。中国の甘味噌と赤ワインは相性がいいことを発見。

七九年のピノ・ノワール、七七年のジンファンデル。合わせる食事は、白金豚《はっきんとん》のスペアリブと苦瓜の豆鼓《トウチ》陶板煮、活鮑《あわび》の姿煮赤ワインソースなど、贅沢《ぜいたく》な素材を使ったもの。いずれが主役か脇役か。まさに料理とお酒との競演です。

七五年のシラーにいたって、どよめきが上がった。

「こりゃ、すごいフルボディだ」「スパイシーな料理と合うよ」「よくこの状態で保存されていたね」

フルボディかどうか、自分の舌では判断のつかない私も、スパイシーな料理に合うことは感じて、深くうなずく。同じテーブルの人とは初体面なのに、いつしか旧知の仲のごとく。

横文字の品種名に、カタカナで読みをふることからはじめた私だけれど、皆さんの話には溶け込めた。カリフォルニアワインは、ラベルに品種も書いてあるし、英語であるのも、フランスワインより距離が近い感じ。

アルコールに弱いのと、無知なことから、お酒を楽しむ場からはつい腰がひけていた私に、カリフォルニアワインと中国料理の組み合わせは、ぐっと敷居を低くしてくれた。

香辛料

香辛料を用いることの多い中国料理だけれども、なかでも四川《しせん》料理は、ふんだんに使うイメージがある。

『赤坂 四川飯店』の陳建一さんによれば、それは理にかなったこと。内陸盆地の四川では、夏は暑く湿度が高く、「辛いものを食べて、汗をたくさんかくと、体が心地いいわけ」。

代謝をよくする効果があるので、寒さの厳しい冬には、内側から温めてくれる。気候条件が生んだ、生活の知恵なのだ。

唐辛子というと、日本ではタカノツメくらいしか思い浮かばないけれど、本場では、品種も実にさまざま。大小、形、辛さの程度。辛みが先に来て、後から甘みが広がる。あるいはその逆など、調理法、火加減によっても、いくとおりもの味わいが引き出せるそうです。

ただ乾燥しただけでなく、塩漬けや、山椒《さんしょう》など他の香辛料とブレンドしたペーストなど、加工食品も多い。

そもそも、四川料理と聞いて、唐辛子を思い浮かべるのからして、日本人的発想のよう。陳さんによれば、四川料理を特徴づけるのは、むしろ豆板醤《トウバンジャン》と花椒《ファージョウ》だと。

　豆板醤は豆瓣醤とも書き、蒸した空豆を発酵させたものに、唐辛子、塩、小麦粉を加えてねかせる。日本料理にとっての味噌のようなものだという。

　日本の味噌同様、産地やブランドにより、さまざま。熟成が進むにつれ、色が黒っぽくなる。陳さんのところでは、若いものと二年以上のものと、二種類を入れている。後者の郫県豆瓣醤は、先代のふるさとのものだ。仕入れや管理のため、陳建一さん自ら、年に何回も現地へ赴くそう。

　建一さんの父、建民さんが店をはじめたころは、中国と国交がなかったため、輸入できなかった。食文化の違いから、日本ふうにアレンジせざるを得ない歴史もあった。

　その後の半世紀で、食を取り巻く環境は大きく変わった。情報化、グローバル化は、人々の味覚にも及んだ。国際情勢の変化や、保存、輸送技術の発達により、現地の食材を、新鮮な状態で持ってこられるようにもなった。

　建民さんの店では、客の声に応えて、二種類の麻婆豆腐を用意している。先代の作った「ニッポンの麻婆豆腐」と、山椒も入れて「麻《マー》」と「辣《ラー》」と二つの辛みを備えた、四川省のにより近いものと。かつては受け入れられにくかった「本場の味」をこそ食べたいという人が、それだけ多くなってきたんですね。

四川料理を日本に根づかせた、先代の努力が実って、二代目はオリジナリティあふれる料理を展開するかたわら、ルーツに帰る方向にも進んでいる。

粉

レストランでパンを誉めるのは、失礼なことかと思っていた。料理が主役なのだからと。

でも、許される店もある。フレンチの『シェ・ワダ御堂筋　レストランSimpei』では自分のところで焼いている。生地作りからはじめて。

バゲットも、市販のよりは色黒で、カンパーニュのよう。皮は香ばしく、ちぎるのにちょっと力がいる。割ると、ほのかな酸味のある香りと発酵臭とが、立ちのぼる。

歯ごたえはしっかり。ああ、「穀物」を食べているって感じ。

嚙むほどに、唾液の分泌が促され、料理の受け入れ態勢万全になる。

シェフの和田信平さんも、こういう「力強いパン」が好きだという。

「料理との相性を考えて焼けるのが、自分のところで作っているよさですね」とシェフ。

パン工房を、覗《のぞ》かせてもらった。

粉はフランスから直《じか》に取り寄せている。小麦粉三種、ライ麦粉二種。国産の五、六倍の値段がするそうだ。

小麦粉でも、まっ白ではなく、グレーがかった色。

日本のものに比べ、「灰分《かいぶん》」が多いのが特徴。「灰分」とは食物中に含まれる無機質、すなわちミネラルのことである。

粉といえば、グルテンなるものをよく聞くけれど、そちらは蛋白質のこと。小麦粉に含まれる蛋白質は、水を吸ったうえで、こねる、練るなどの物理的な力が加わると、粘りのある編目状の組織を形成する。この組織が「グルテン」。

そもそもパンが膨《ふく》らむのは、発酵によって生じる炭酸ガスを、この編目がぐーっと伸びながら包み込むからなのです。

国産の粉は、蛋白質の含有量も、ヨーロッパのに比べて少ないため、グルテンが形成されにくいそう。

日本では小麦粉を、蛋白質の含有量により、少ないものから薄力粉、中力粉、強力粉と分類するけれど、フランスでは、もっと多種多様。

本で調べると、フランスでは小麦粉に含まれる灰分の含有量によって、少ないほうの「タイプ45」に始まり「タイプ150」まで六つに分けている。「タイプ55」が一般的な製パン用で「タイプ150」は全粒粉だ。

ライ麦粉もやはり、灰分の含有量により、四タイプに分ける。

が、それはあくまで法律上の規定に過ぎない。実際には、産地、銘柄などによってもさまざまで、「このパン屋は、どこどこの何々という粉を使っている」といったように、素材として使い分け、消費者もまた、味わい分けている。

なんといっても、小麦粉とつき合ってきた歴史が長いから。ポンペイの遺跡にすでに、パン工場があったというし、製粉をいかに効率的にするかが、水車、風車を生み出して、いうなれば粉が動力革命を牽引《けんいん》するほど、人間の生活に深くかかわってきたのである。

日本の場合、お米は多様な中から選べるけれど、小麦粉については選択肢が少ないですね。知識も広く普及しているとはいえない。「それでも関西は、お好み焼きやタコ焼きがあるから、素材としての粉に親しんでいるといえるかな」とシェフ。なるほど。

大阪の地からフレンチ界へ、刺激を与え続けてきた信平さんの店。粉の文化についても、強力な発信基地となりそうです。

肉

シンプルな料理ほど、素材が決め手といいますね。

ローストビーフも、まさにそう。オーブンで蒸し焼きにするだけなので、単純といえば実に単純。

『ローストビーフの店　鎌倉山本店』は、そのローストビーフが主役。五～七キロの塊のまま、ワゴンで運ばれてきて、客の目の前で切り分けられるシーンが、コース料理のクライマックスとなっているほど。

なので、素材にはこだわる。「肉選びによって、焼き色も、カットしたときの色も、全然違います」と、本店店長の大下久夫さん。

産地の気候風土、飼料によっても違ってくる。もっといえば一頭、一頭、個体差がある。育てるとき、いかに手をかけてブラッシングしていたかにもよる。どうしてそんなことまでわかるかといえば——。

ローストビーフに使うのは、国産和牛のサーロイン。背中の中央から腰の上部の肉である。ブラッシングは牛にとってのマッサージにあたるので、こまやかにされればされるほど、背脂がきれいに流れていく。

一般的には、大規模経営の牧場より、個人の牧場でかわいがって育ててきたところのが、大下さんのお眼鏡にかなうことが多い。銘柄にとらわれず、仕入れのときに必ず、生で食べてみるのだそうです。

霜降り肉が、高級肉の代名詞のようになっているけれど、ローストビーフにしておいしい肉とは、また別ものだ。そもそもローストビーフは、オーブンの中で脂を落とし、あっさりと食べる料理法だ。

サシが多過ぎると、脂が落ちきらず、少な過ぎても、硬くなる。食感の軟らかさと、さっぱりした仕上がりとの、兼ね合いが求められるわけですね。

肉選びと並んで、焼くまでのコンディション設定も、重要。冷蔵庫から出して、いきなりオーブンへ入れるわけではない。

下味をつけて、しみこませつつ、常温に近い状態に戻していく。下ごしらえは、焼き上がりから逆算して、はじめる。「ご予約のとき、お席だけでなく、お料理の内容もうかがうのは、そのためです」。

昼用に準備したものは、昼のうちに出しきる。ローストビーフの専門店が少ないのは、コンスタントに客が来ないと、いい肉をいい状態で出すのが、難しいからなのでしょう。

下味は？　「塩とこしょうです」。それだけ？　料理の本では、ハーブを用いたり、野菜を敷いたり、脂の塊を載せたり、汁をかけたりしながら焼くように書いてあるけれど……。

それは、どちらかというと安い肉を、おいしく食べようとする方法らしい。この店では、よけいなことをしない代わりに、塩も厳選している。沖縄の海水から、特別に作ってもらったものを使っている。

五～七キロの塊で、焼き時間はおよそ一時間半。

食べるときにかける、グレービーソースなるものは、網から鉄板に落ちた焼き汁から、脂を除いたもの。すなわち、ほかの味を加えるのではなく、肉に含まれていた旨みを戻すわけ。

いい肉は、素材の持っている味だけで、じゅうぶん美味しいことを知った。

直送の魚介

言うまでもなく、東京・築地は日本の台所。全国から魚介の一級の素材が集まる。でも、すべてではないと教えてくれたのが『松栄《まつえ》寿司』でした。

築地とは別に、各地の旬を、鮮度の高い状態で入れられないかと、直送のルートを作ってきた。

並ぶネタは、日によって違うけれど三十から四十種類。国内各地から直送の「活」も多い。

店長の神田和人さんが、ちらと見せてくれた仕入れ先のリストには、北海道から九州までがずらり。

どうやって、開拓するのかと聞いたところ――。

神田さんや店のオーナーが日頃から、メディア、口コミ、お客さんから聞いたなど、どんな情報の断片でもとらえて、地方の業者にじかに電話する。必ず一度取り寄せて、まずは自分で食べてみる。常にアンテナを張りめぐらせているんですね。

よって、カウンターにお目見えするのは、神田さんの舌で選ばれたものばかり。

牡蠣《かき》を例にとっても、築地なら、冬は通常、岩手と三重の二種類だそうだけれど、この店では北海道だけでも四種類。オイスターバーのように並べて、産地別に食べ比べるなんてこともできる。夏ならば、富山の岩牡蠣。

「はじめて食べたと言われるお客さまも多いです」と神田さん。よそにはないものがあるというのも、足を運んでいただく楽しみになれば、と。

特筆すべきは、屋久島《やくしま》の首折れ鯖《さば》。鯖漁は、巻き網漁が一般的だけれども、屋久島では一本釣りをする。釣り上げてすぐ首を折るのは、鮮度を落とさないための伝統的な方法で、生でいただくお造りは、島ならではのご馳走といわれるが、東京で出合えるとは。

「ただ、いつでもあるとは保証できないんです」

当然至極。安定的に供給されるのでは、かえって嘘っぽいもの。

「むしろ、今日はどんな珍らしいものがあるんだろうと、期待感を持って来ていただければと思います」

お店には、そういう楽しみ方もあるんですね。

島野菜

沖縄の野菜といえば、ゴーヤーが頭に浮かぶけれど、それはひとつ覚えだった。いろいろな野菜があり、食の知恵があることを、『赤坂　潭亭《たんてい》』で学びました。

東京出身の高木凛さんが、沖縄懐石の店『赤坂　潭亭』を開くきっかけになったのは、現地での野趣《やしゅ》に富んだ野菜との出合い。

野菜本来の香り、苦み——病後の休暇中の滞在だったこともあり、生命力に圧倒されたという。「沖縄の土と光と水を食す」を、店のコンセプトとしているが、もっともよく表す素材が、島野菜。

コースでは、十数種類から二十種類の野菜を出す。那覇の公設市場から取り寄せるほか、石垣島の畑で栽培するものや、山野に自生しているのを採取して、直送してもらうものも。

自然の恵みによるところが大きいし、航空便だから、天候にも左右されて、量が揃わないこともしばしばだそう。同じ懐石でも、日本料理における季節ごとの決まりものの素材を、築地から仕入れるほうが、ある意味で楽でしょうけれど、あくまでも、島野菜にこだわるのです。

十九世紀に琉球王府の御殿医だった渡嘉敷親雲上通寛がまとめた『御膳本草』という書物には、当時、使われていた沖縄の食物の効用や調理法などが記されている。高木さんは、こうした古い文献を参考にして、沖縄古来の島野菜を探しだし、『赤坂 潭亭』での料理に生かしているという。

料理法も、島野菜の身上である、香りや苦み、クセ、青みを生かすことを、第一とする。

沖縄では、「食はクスイムン（薬物）」。中国の医食同源にも通じる思想だ。ビタミンやミネラルが豊富な島野菜は、昔から、体の不調を整えるためにも、食されてきた。長命草なんて、読んで字のごとしですね。

食べる野菜は、島によって違って、例えばアダンやオオタニワタリは、八重山では食すが、本島では食さないという。

「三里四方のものを食す」との諺《ことわざ》も、沖縄にはあるそう。その土地で採れるものを食べるという考え方が、島ごとの差異を生んだのです。

身土不二（体と環境とは切っても切り離せない関係にある）の原則といおうか。スローフードがうたわれるずっと以前から、沖縄では実践されていたのだ。長寿食、健康食といわれるゆえんも、そこにあるのか。ゴーヤーチャンプルーとソーキそばだけで、沖縄料理を語ってはいけなさそう。

似たような考え方は、もともとはヤマトにもあったはず。ちょうど、今では失ってしまった力を、かつて本土の野菜も、持っていたように。

島野菜という素材を通して、高木さんが伝えようとしているのは、そうした食の思想なのかもしれない。

Review 2

風土のはなし

食べ物にフードとフリガナをふって、風土とひっかける人がいますね。無理な語呂合わせだなあと思っていたけれど、たしかに食は、それを生んだ場所柄や環境と、切り離せないものがあることを、実感しました。

水

外国に行く人によく「水が変わるから、体には気をつけてね」なんて声をかけるけれど、国内でも、違いがあるとは。

徳島から東京に出店した『青柳』の小山裕久さんに、もっともこだわっている素材を聞くと、「水」との答えが返ってきた。

日本料理のベースは、だし。吸い物、煮物はむろんのこと、およそすべての料理にとって、なくてはならぬもの。

むろん、フランス料理にもフォン、中国料理には湯《タン》と、それぞれに、味つけの基本となる液体がある。けれども、それらは煮詰めて、凝縮されている。成分も、ゼラチン質が高い割合を占める。

対してだしは、小山さんによれば、九九・九パーセント以上が水。昆布や鰹節《かつおぶし》のエキスを、抽出することはするけれど、時間にして「鰹節に火を通すのは、わずか七秒、昆布でもせいぜい十分」。長時間かけて煮詰めるフォンや湯とは、発想からして別もの。昆布や鰹節に関しては、どこの産でなければとか、血合いは抜くといった蘊蓄《うんちく》が語られるが、水が悪ければ話にならない、と。

日本料理は、水の料理なんですね。

たしかに、水によって味が左右されることは、旅でも経験するところ。旅先で食べたご飯がおいしかったので、同じ銘柄のお米を取り寄せ、家で炊いても、何か違う。土鍋や薪で炊いたのではなく、ふつうの炊飯器と言っていたのに、なぜ？　あれこれ考え、水が違うのではないかと。

小山さんによれば、飲んでおいしい水が、イコール、料理をおいしくする水ではない。一般においしい水と呼ばれるものは、料理には硬すぎるそう。商品化されているものは、人工的に成分調整がしてあり、適さないと。

外国製品は、天然の水をそのまま詰めてあり、なかでもフランスの「ボルヴィック」は、小山さんの求める水に、かなり近いそうだ。

すなわち「青柳の料理に合う水、自分のだしがひける水」。東京で店をはじめるにあたっても、そういう水を、いかに入手するかが、課題になった。

とった方法は、徳島本店で用いているのと同じものを、とり寄せること。錦竜水というわき水を、専用の容器で、毎日運ぶ。鳴戸の鯛《たい》をはじめとする主な素材同様、水も日々直送しているのです。

店で口に入るものおよそすべてが、徳島の水。鯛をおろすときも、香りが変わってしまわないよう、水道水にはけっしてふれさせないという、徹底ぶりだ。

水については、成分の研究はされているけれど、味の違いをもたらす仕組みは謎だという。でも小山さんいわく「こっちの水は甘いぞ、と昔から歌いますね」。なぜかは、科学的に解明されていないけれど、場所ところによって味に違いのあることは「ホタルと人間の舌が知っている」と。

川と信仰

川床《かわどこ》料理は、京都の夏の風物詩。町なかでも、それに似たものがあるけれど、貴船《きぶね》ではいちだんと涼が加わる。神社仏閣が多く、町のいたるところに言い伝えのある京都でも、特別に霊的な地。

『ひろや』の女将《おかみ》は、哲学者梅原猛《うめはらたけし》先生に、「あんた、あんなところによう住んでるなあ」と、からかわれたとか。京都の人にとって、「気」をいただく場所なのだそう。

貴船神社の創建は古く、平安京に遷都したときは、すでにあったという。社伝によれば、神武天皇の母君が黄舟に乗って、淀《よど》川、鴨《かも》川を経て、貴船川をさかのぼり、この地に祠《ほこら》を営んだ。水の神と崇《あが》められるようになったのは遷都後だそうだけれど、それ以前から、川には深いかかわりがあったのですね。もとの社は、今の奥宮の位置にあり、十一世紀に現在のところに移された。

貴船の不思議。その一。千五百年間、水が涸《か》れたことがない。その二。藻がはえない。流れが急で、水温も低すぎるため、生育に適さないのでは、という説も。その三。これだけ自然に囲まれているのに、虫が少ない。それは私も、感じていました。ふだんは蚊にくわれやすいのに、水辺にいても全然刺されない。聞けば聞くほど、謎がいっぱい。料理の水は、山から引いてきているが、それというのも、貴船では井戸が掘れないから。奥宮の社殿の下は沼地。水の層を通って、「気」が出てきて祟《たた》りがあるので、掘ることを、固く戒められてきた。

鴨川の源流にあたり、御所の飲料水でもあったので、けっして汚してはならないとも。不浄のものが流れ込まぬよう、このあたりにはお墓も作れない。料亭旅館として、営業をはじめてからも、環境保持には気をつかっている。ゴミなんか捨てないのは、もちろんのこと、川さらいも毎朝する。水かさが増しそうなときは、床几《しょうぎ》を引き上げ、まっさらな川に戻す。水の濁りようから、わかるという。代々にわたり川とともに生きてきた、知の蓄積を感じます。

川べりに店は二十二軒。その数はずっと変わらない。実はこのあたり一帯は、全山国有地。昔からある店は例外として、新規に許可は下りない。川床料理はこの先も、二十二軒限定料理であり続ける。

ついでに記せば、既存の店も、川にタダで床を張っているわけではなく、床几一枚あたりいくらと決まった額に、延べ日数をかけた、税金を払うのだそうな。

貴船神社は今も崇敬を集めていて、公には雨を司るとして、催し物の前に、知事さんたちが参拝したりする。七月七日の「水まつり」には、料理、酒造、茶道、染色など、水を命とする業の人々が、お参りに来るそうです。

その地の人々にとっては信仰の対象、観光に来てくれる人も、ぜひ環境への配慮をお願いしたいと、せつせつと語る女将でした。

禅寺の食事

一般の人にとっては、料理の一ジャンルでも、お寺における精進料理は、修行としての面を併せ持ちます。

調味料は、塩、醬油、味噌。砂糖と酒はほんの少々。香辛料は、唐辛子、山椒《さんしょう》、木の芽などに限り、ニラ、ニンニク、葱《ねぎ》といった匂いの強い薬味は使わない。それというのも、「葷酒《くんしゅ》山門に入るを許さず」という禅寺の規則に従って。

『天龍寺　飾月《しげつ》』の箸袋の裏には、「食事五観《ごかん》之文」なるものが記されていました。

一ツには功の多少を計り

彼の来處を量る
二ツには己が徳行の
全闕を計って供に應ず
三ツには心を防ぎ
過貪等を離るゝを宗とす
四ツには正に良薬を事とするは
形枯を療ぜんが為なり
五ツには道業を成ぜんが為に
當に此の食を受くべし

この食物が膳に運ばれてくるまでの労力と自然の恵みとに感謝をし、自分はそれに値するだけの徳を積んでいるかと反省し、貪《むさぼ》る心、厭《いと》う心を起こさずに、天地の生命を宿す良薬と、また目的を全うするための活動源と心得て食べよ、ということです。「いただきます」「ご馳走様です」は、たぶんに形式的なものになり、どうかすると省略されてしまうけれど、もともとは一から五に書いた意味合いを持つもの。いまいちど本義に返って、心をこめて唱えることが、五観之文の日常における実践になると、教えられました。

「昔は、親から子にふつうに躾《しつけ》られ、継承されていたことでしょうが」と厨房を取り仕切る小谷卓男さん。お寺で料理を出しているのは、家庭教育の部分的な代行でもあるわけです。

修行僧の食事は、私たちがここで精進料理としていただくものより、ずっと質素。朝食は「粥座《しゅくざ》」といい、お粥《かゆ》と梅干し、沢庵《たくあん》のみ。昼食は「斎座《さいざ》」。麦飯、味噌汁、沢庵とおひたしのような簡単なお菜だ。夕食は「薬石」、朝、昼の残りを雑炊にし、汁、沢庵のみだそう。

ここは、もともと修行僧の道場があったところで、六百五十年忌を機に、境内のより静かな場所へ移したという。観光客で賑わう嵐山のただ中に、いまも粥と麦飯という食事で、身を慎み、修行に励む人々がいるのだとは。京都という土地の奥深さに、改めてふれる思いです。

和菓子

国内でも西と東で、食文化が大きく異なるように、和菓子を取り巻く状況も、ところ変われば――。

料理文化の発達した関西では、いわば分業化が進んでおり、料理屋でも、菓子は菓子屋から仕入れるのが一般的。

対して『葉山　日影茶屋』では、自分のところで作っていた。菓子屋で売っているのをそのまま出すには、色づけが濃すぎるなど、さまざまな点で違和感があって、そうするようになったとか。

料理の後に出していたところ、持って帰りたいとの声が多くて『菓子舗　日影茶屋』を別に設けた。和菓子を、上生菓子の系統と、餅菓子の系統とに分けるとすると、このは後者。日影大福という名の焼き大福、最中《もなか》、薯蕷饅頭《じょうよまんじゅう》。季節ものでは、柏餅、蓮根餅など。食事に来た人が、土産に買っていくだけでなく、菓子だけをわざわざ購入しにくる人もいて、焼き大福だけで、年間十万個以上出るそうです。

菓子職人がいるわけでは、ありません。でも、包丁も握れる板前さんが、専門に作っているとなれば、逆にひかれるものがある。

見た目こそ老舗の菓子屋にかなわなくても、素材へのこだわりは、板前の誇り。その点はひけをとらないと、胸を張る。なるほど焼き大福は、丸く整え、ほんのりと焼きめをつけただけの、素朴な形ながら、食べてみれば絶品。餅そのもののおいしさと、甘すぎない餡《あん》の中に、豆の味が感じられる。手をかけ過ぎない分、ごまかしがない。

店の当主の家はもともと、このあたりの庄屋を務めた。餅をついては、近所の人にふるまったりするのが、年中行事となっていた。今でも年に二回餅つきをするほか、五節句、夏祭りなど、伝統的な催しを行っている。『菓子舗　日影茶屋』が生まれる背景には、そういう歴史があるのですね。

日本文化の伝統を、食の分野で守り続けようという志が、料理から菓子まで、一本貫かれている。

中国茶

食事の後には、料理の余韻を楽しむのに、ふさわしいお茶がほしいもの。日本の中国料理店で出てくるのは、かつてはジャスミンティーと決まっていた。

『トゥーランドット　游仙境』の脇屋友詞《わきやゆうじ》さんは、本場のお茶のとりこになって以来、中国茶の紹介に努めている。なので、コースのメニューには、お茶も一品として入っている。

淹《い》れ方も、日本茶や紅茶とは、違います。実演していただきました。

ワゴンの上に並んだかわいい茶器。温めた小さな急須（茶壺という）に葉を入れて、湯を注ぎ、蓋《ふた》をした上から、さらに熱湯を回しかける。中からも外からも圧力をかけることで、葉を開きやすくするそうです。そのまま、しばし蒸らす。

お茶の名は、鳳凰単欉《ほうおうたんそう》。単欉とは、他の樹の葉と混ぜずに、ひと株の葉だけを使った、高級なもの。

中国茶は発酵の度合いによって、緑茶、白茶、黄茶、青茶、紅茶、黒茶に分けられ、これは青茶。ジャスミンティーは、お茶の葉に茉莉花《まつりか》の香りをつけたもので、花茶に分類されます。

お茶をいただく器は、小さな盃《さかずき》形をした茶杯。同じくらいのサイズで、縦長のものと二つでセットになっている。縦長のほうは聞香杯といい、文字どおり、香りをきくためのもの。

聞香杯に注がれたお茶を、茶杯にあけ、空にしたところへ、鼻を近づける。ふわっとした、甘い香り。味もとても、みずみずしい。「一煎目の味と香りを覚えていてくださいね」と脇屋さん。

二煎目。おお、違う。フルーティであることは同じだけれど、味、香りとも、一煎目より熟した感じ。

お茶好き、話好きで知られる中国の人は、点心をつまんだりお喋《しゃべ》りしたりしながら、十煎も十五煎も楽しむという。

もう一種類、別の葉を。高山烏龍。これも青茶。真珠ほどの小さな球状をしているのは、人の手でよく揉《も》んであるからだそうだ。

すっきりとした味で、飲んだ後も口の中が清々《すがすが》しい。この、喉《のど》を通ってもなお、立ち返るような香りを「回香」といい、たいせつな要素のひとつとか。

抽出した後の葉を、脇屋さんが茶壺から取り出し、見せてくれた。あんなに丸まっていたものが、きれいに開いて、完全な双葉の形をしている。よいお茶は、葉が壊れたりしていない。「一芯両葉」は、新芽を摘んだ証《あかし》という。紅茶でいうファーストフラッシュのようなものかしら。

このように、時間をかけてていねいに淹れるお茶は「工夫茶」という。ホストにすれば、銘茶とされる葉や茶道具を披露する場でもある。中国版ティーセレモニーですね。

日常的には、蓋碗《がいわん》という蓋つきの碗や、ガラスのコップなどが用いられる。脇屋さんも厨房に立つときは、大きなコップにつくっておき、仕事の合間に喉を潤す。日に二リットルくらい飲むという。肌の色つやが健康的なのは、そのせいかも。

お茶はビタミンが豊富だし、脂肪を流す作用もある。和食より油の多い中国料理には、何杯もいただくのが、たしかに理にかなっている。ほかにも抗菌作用、口臭を消す作用、リラックス作用と、効能を挙げればキリがないそう。

「中国茶の世界は奥深いし、茶葉ひとつとっても、実にいろいろ。ぜひ楽しんでいただきたいです」

Review 3

仕事のはなし

素材が料理となって、私たちの口に入るまでの間には、何らかの仕事が施されています。切る、というひと手間であっても、包丁の研ぎ方からはじまる、プロとしてのさまざまな技や流儀、哲学がこめられていると、知りました。

手仕事へのこだわり

東京の郊外にあるフレンチ『TERAKOYA』は、広い敷地内にいろいろな建物が点在する。門を入ってすぐのところには、レトロな三角屋根を頂く、煉瓦《れんが》造りの小屋が。

オーナーシェフの間《はざま》光男さんに聞けば、スモーキングハウスだそう。TERAKOYA特製スモークサーモンのみならず、料理のだしにも用いられるハム、ソーセージまで、ここで作っているのだとか。

ハムならば通常、塩をもみ込むなどの下ごしらえをしてから、三日間、昼夜を分かたず燻《いぶ》し続ける。チップではなく薪を焚《た》く。ナラ、クヌギ、桜……。庭に薪小屋があったのは、そのためだったのですね。まるで、フランスの小さな村。

ハウスの扉に、温度計がついているのは、電気による管理をしていないため。厨房から十分おきにとんできては、目で確かめて、薪を調節。正真正銘、手作りなのです。

スモーキングハウスそのものも、なんと手作り。初代のころから使われている。

「よその店にいたことのある料理人も、はじめてする作業だと言いますね」と間さん。

スモークに象徴されるように、ハンドメイドへのこだわりがある。パンも自分のところで焼いている。さまざまな粉で試作し、何度も失敗しながら、作り上げた。

「その経験から、イーストを使った別の仕事も、できるようになりました」

フランス人が昔からしていた手仕事を、ひととおり身に着けておくことは、料理人にとって、とてもだいじと考えている。「合理的な国民ですから、彼らが伝統的にしてきたことは、無駄がないんです」。フォンをとるにも、アクを一回多くすくえば、その分だけ確実によいフォンになる。必ず結果の出ることだから、おろそかにできないそう。

逆に、基本がしっかりしていれば、少々の遊びや冒険も許される。古典の極みのような部分と、ヌーベルの部分と、両端を知っておけば、自分の作っている品が、座標軸のどのあたりに位置づけられるかもわかるし、メニュー構成にも、メリハリがつけられる。

「名物料理のない店」です。メニューは隔月で替わり、年間二百種類ものオリジナル料理を作るそう。同じ料理が、再び登場することはない。

同じ素材でも、個々の状態により、味の引き出し方は違ってくる。「機械には置き換えられない、人間にしかできない理由は、そこにもあるんでしょうね」と語る間さん。遊びはするけれど、手を抜くことはけっしてしないその姿勢に、ただただ脱帽なのでした。

秘伝のたれ

鰻《うなぎ》屋さんにとって、たれは家宝といいますね。『あつた蓬莱軒』の厨房《ちゅうぼう》を覗《のぞ》いて、あれがそうか、と思った。

かまどのそばに置かれた、古びた瓶《かめ》。のれんの古いこの店のは、創業以来、百三十四年分の鰻の脂が溶け込んで、旨みが凝縮されているに違いない。戦争中は、瓶を抱えて防空壕に避難し、疎開先にも持っていったと、当時は赤ん坊だった女将の鈴木詔《のり》子《こ》さんも、聞かされてきた。

元だれに、減った分だけ加えて使う。変わらぬ味を保つため、なるべくこまめに足していくのだそう。

本店のほか、支店を構えてからも、たれを作るのは、身内の者に限っている。文字どおり、門外不出なんですね。

親戚で、元板長の妻でもあったおばあさんが、四十年たれひと筋できたという。子どものうちひとりだけに伝授する「一子相伝」を、頑固に守ってきたけれど、何かあったとき、絶えてしまってはいけないと、女将の息子さんと娘さんが、そのおばあさんから習っている。時代劇の剣術ものに出てくるような話が、今の世に、ほんとうにあるなんて。

ベースになる醤油は、たまり醤油。女将いわく、たまりも命で、代々のおつき合いのある一軒に、「うちのたまり」として作ってもらっている。

味噌からこしらえる、昔ながらの製法だそうで、嗅《か》がせていただくと、これぞ正統というべき、熟成された匂い。塩分が控えめで、保存料などが無添加の証《あかし》といえます。

舐《な》めてみると、色ほどには辛くなく、九州のたまり醤油と違って、甘みもない。濃厚なこくがありながら、しつこくはなく、後味がいい。

大きな窯に、たまりと砂糖を入れて、つきっきりでかき混ぜながら、煮溶かすのは重労働だが、のれんを支える、だいじな仕事。

焼き方一生といわれる鰻屋だが、創業者一門が、焼き方さんと手を携えて、老舗《しにせ》の味を守っていることが、わかりました。

職人技の丼物

国民的な丼物《どんぶり》といえる天丼。『銀座天國』の一階でも、昼の一時間半ほどの間に、それだけで二百数十食出るそうです。

この店が考案したとも聞くけれど、「いやいや、屋台だった頃に、忙しい誰かが、ご飯の上に、つゆをつけたのをのっけて食べたんでしょう」と、天ぷら部の料理長。自然発生説をとっています。

　昔からの名物、かき揚げ丼は、蓋《ふた》をとると、丼いっぱいに、お椀をふせたかっこうのかき揚げが。ボリュームたっぷりで、河岸へ通う男たちの楽しみだった。

　それにしても、どのようにすれば、このジャンボサイズに、しかもこの形に、仕上げるんでしょう？　「一回で流し込むんですよ」。

　油の上で回して円形に整えていき……と惜しげなく説明しようとするのを、私のほうが案じて、ストップをかける。企業秘密ではないんですか？　「いえ、言っても、よそにはたぶん、まねできないと思いますから」。

　この大きさ、厚みで、中まで均一に火が通り、しかもふっくらやわらかに仕上げるためには、コツがいる。天ぷら屋の修業は、皿盛り一年、丼詰め三年、返し方五年といわれるけれど、それらを経て揚げ方になってもなお、このかき揚げをマスターするには七、八年かかるそうです。

　揚げ色は、丼にしないふつうの天ぷらより濃いめ。油は、ごま油二対サラダ油一。ごま油は、二種類のブレンドという。

　つゆを吸った衣も、味わいのうちなので、ふつうの天ぷらよりも厚く付ける。芯の方が生粉のままに残ったりしないよう、卵を多めにするなどの、工夫をして。

それでも、春夏秋冬、もっといえばその日の気温、湿度によっても、揚げ方は異なるのだとか。「毎日何百回も同じように揚げるのが、いちばん難しいんです」。

コクのあるつゆは、元つゆに、さらのつゆを少しずつ足したもの。鰻屋の秘伝のたれとも共通する。戦争で一時中断された後、再スタートして以来、半世紀守り続けているつゆ。

揚げたての天ぷらに、そのつゆをかけるのではなく、天ぷらをくぐらせる。それによって、つゆのコクが天ぷらにいっそう染み込むという。この天ぷら、つゆ、ご飯の絶妙な合わせ技で、風味ゆたかな伝統の味が生みだされている。

つゆにくぐらせるのも、専門の職人がいるそうです。「注文から、いかに待たせずに、しかも揚げたてのおいしい状態を届けられるかなんです」。

江戸のファストフードの心意気は、彼らの仕事に、生き続けている。

江戸の流儀

江戸前の寿司はよく聞くけれど、「江戸前料理」をうたった店は、東京にも数少ない。たしかに、日本料理と聞いて思い浮かべるのは、京料理ですものね。

高下駄をはいた包丁人が、カウンターの向こうの土間で立ち働く、おなじみのスタイルは、もとは関西風だそうです。江戸ではかつて、主人は「座り板」なるものにつき、正座して包丁を握っていた。関東大震災後、上方の料理人が増えたこともあって、立ち仕事が主流になっていったとか。

その中で『ふべ家』のご主人、福田浩さんが修業した「三到」という店は、江戸の伝統をよく残していた。若き日の福田さんも、座り板につく体験をし、刺し身にそえる煎《い》り酒も、その店で教わったという。

江戸前とは、江戸城の前の海川でとれた魚のこと、さかのぼれば、もとは鰻《うなぎ》について言った。隅田川、神田川あたりでとれるのが、賞味された。やがて、江戸のうまいもの全体に、その言葉がつくようになったそう。

古いことをよくご存じの福田さんだが、それもそのはず。江戸時代の本をひもとき、当時の料理の再現を試みてきた。「献立を考えるのを、楽しようとしているだけなんです」と謙遜《けんそん》されるが、研究心には頭が下がる。

昔の料理書は、材料の扱いが優れていて、勉強になるという。でも、書いてあるとおり従えば、再現できるとは限らない。

その例が、鍋のコースのおしまいに出てきた、お菓子。漢字で「玲瓏」。ひとことで言うならば、寒天の中に、豆腐を入れて固めたものを、黒蜜でいただくもの。

おおまかな作り方は書いてあるのに、肝心の調味が「好みしだい」となっていて、福田さんを悩ませた。けれども、試行錯誤を重ねるうちに、「なるほどそのほうが、好きに想像できる自由があって、作るほうにも食べるほうにも楽しいか」と、悟るに至った。

二十数年来、この店の名物となっているお菓子にも、今の姿に落ち着く前には、いにしえの人が書き残した一語をめぐって、苦悩した日々があったのですね。

果物を使った甘味《かんみ》では、りんごや梨の切り胡麻和え、焼き柿といったものも、江戸の人たちが好んだところ。いずれも文献をもとに、福田さんが工夫を加え、季節になると出している。

まどろっこしいことを嫌う気質ゆえか、盛り付けにこらないで、新鮮なものを手早く出すのが、江戸の流儀。上方風の割烹料理とは、また違った味わいが、ありそうです。

魯山人の遺したもの

料理通として、その名を知られる北大路《きたおおじ》魯《ろ》山人《さんじん》。彼が足しげく通った鮨屋《すし》が『久兵衛《きゅうべえ》』だ。何回目かに来たときに、先代主人に向かって言った。「鮨というのは威勢がよくなくちゃいかん。その鮪《まぐろ》、もっと厚く切ってくれないか」。

先代が若くて血気さかんなりし頃だ。鮨にかけては自分がプロ、シロウトに説教されてはたまらない。臆せずに言い返した。

「にぎり鮨は、ネタとメシのバランスだ。薄いって言うけど、ちゃんとバランスがとれてるつもりだ」

口喧嘩《くちげんか》ではじまった縁。せっせと通ってきたからには、よほど舌をひきつけるものがあったのでしょう。著書『料理天国』に、握りの名人として『久兵衛』を挙げ、鮪の件も「彼の信念が表れていて面白い」。気むずかし屋で知られる魯山人としては、手放しの褒《ほ》めよう。

「いろいろに言われる人ですが、僕の記憶では、晩年だったせいか、やさしい好々爺《こうこうや》という印象でした」と現主人の、今田洋輔さん。十代の頃、先代について、窯《かま》開きのお祝いに鎌倉の家を訪ねたり、いくたびか旅行にもお供した。出身地こそ異なれど、江戸っ子以上に江戸っ子と言われた先代、いったん親しくなったなら、損得抜きで付き合ったそう。

交流の深さを示すのが、店の四階にある魯山人ミニギャラリーだ。陶芸をはじめ、書、画などの作品が展示されている。先代が贈られたものもあり、個展で買ったものもある。いろいろとわがままも言われたでしょうし、ふつうに購入するよりもかえって高くついたのではと訊《たず》ねると、ご主人、笑って「さあ、それは本人どうしが知っているだろうけれど、人と人とのことだから、お互いさまでしょう」。

いっときは店で、魯山人の器ばかり使っていたこともあったが、今は「魯山人」のコースで。ちなみにこちらの鮨懐石のコース名は、魯山人のほかは、やきものの産地の名がついています。

板前さんにとっての、魯山人の皿は、どんな器？「ウチは鮨と刺し身だけだから、素材のよさがひきたたないと。そういう点でも、盛りやすい」

ネタにはそれぞれの色がある。器は地味なほうが合う。魯山人の作品は土ものが主だし、織部《おりべ》の緑や、黒っぽい備前《びぜん》は、赤いものの多い鮨には、まさにぴったり。

「さすが、自分でも包丁をにぎった人だと思います」

受け継いだのは、器だけではありません。この店で、柑橘《かんきつ》類をよく使うのも、魯山人との上方への旅行で、先代がヒントを得たのだという。

魯山人が口癖のように言っていたのが「気取ってはいけない」。料理屋のまねごとのようなことをはじめる鮨屋もいるが、鮨のよさは、そのものズバリのよさなのだ、と。

「どんな料理も、素材の味を引き出すものだろうけど、鮨はその原点に近い」と今田さん。よけいなことは、なるべくしないで、素材のよさを味わってもらうことに徹する。それが鮨屋の仕事だと、心がけているとのことでした。

Review 4

場のはなし

いい素材、腕のいい料理人は、必要条件ではあっても、それだけでじゅうぶんではありません。一流と言われる店では、食事の時間を楽しめる雰囲気作りに、いかに心をくだいているかも、この間に学んだことです。

贅沢な個室

店で食事をするたび、思いました。空間も、ご馳走の一要素だなと。家でいつものダイニングに座るのとでは、目にするものが、すべて違う。

物語性のある空間ならば、なおのこと。歴史ある建物の個室でいただくお食事では、特にそう感じます。時間の積み重なりという、お金で買えないはずのものを、ひときわがものにすることができるとは。なんて贅沢《ぜいたく》。

その例が、金沢の『つば甚』。金沢でも、昔ながらの風情が色濃い、寺町台にありました。眼下に犀《さい》川を眺め、対岸に、城下町の家並みを望む高台は、江戸時代から富裕な層が、別宅を構えたとか。

そこに位置するつば甚は、金沢の迎賓館ともいうべき風格を持つ。創業より二百五十年の間には、訪れた客も、多士済々。

現在、部屋は十一室。建てられた時代はまちまちだが、それぞれに物語があり「お料理とともに味わっていただければ」と、十六代目にあたる女将、鍔《つば》正美さん（姓も鍔です）は語る。

松尾芭蕉が投宿したといわれる「吟風亭」。庭の灯籠《とうろう》は、高山右近作のキリシタン灯籠だ。「是庵」は、芭蕉が句会を催したと伝えられる、ゆかりの茶室。いずれも三百年以上前の建物の移築とか。

約三十畳の広さを持つ、「鶴の間」は、欄間に鶴の彫刻が施されていることから、名づけられたそう。床の間には、家伝の鎧が飾ってある。縁側の板は、北前船の底板なのです！

「月の間」は、金沢らしい紅殻《べんがら》を使った赤い壁に、高い天井が、格式を感じさせる。茶道、華道、書道と同じく、部屋のつくりにも、真行草の別があることを、私はここで、はじめて知りました。真は正式、行はそれより少し省いたもの、草は簡素で、くつろぎや野趣あふれるもの。「月の間」は真にあたり、十一室の中でも、もっとも改まった部屋です。

長押《なげし》は、刀や石を入れておける深さがあって、敵が襲って来たときは、迎え撃てるつくりになっている。入り口近くにはめ込まれた窓枠は、お城にあったものを、拝領したそうだが、そうした緊張感だけでなく、優美さも兼ね備えていて、書院からは月を観ることもできる。ゆえに「月の間」。明治の元勲、伊藤博文はこの部屋からの眺望をことのほか愛《め》で「風光第一楼」という揮毫《きごう》を残している。

月にちなんで円卓を配するなど、日本的な遊び心も。昔の大人は、こういうお部屋で、月見の宴を催しんだりして、楽しんだわけですね。

かつては、天皇家や宮家、政治家のみが用いて、一般社会の目にふれることはなかった部屋だそう。

この時代にめぐりあわせたのを幸いに、身を置いてみて、料亭文化さかんなりし頃に、思いをはせるのも一興です。

ステイという楽しみ

オーベルジュという言葉を、ときどき耳にしますね。料理旅館のフランス版にあたるでしょうか。

日本ではレストランとして知られるフランスの三ツ星レストラン「ラ・コート・ドール」も実はそうで、ソリューという、郊外の小さな町にあるのだとか。

日本でも、オーベルジュはできはじめているが、ロケーションはほとんどが自然の中。対して神戸北野ホテルは、神戸の中心部、三宮駅から徒歩でもわずか十数分というアクセスのよさ。日本初の都市型オーベルジュなのです。

「ラ・コート・ドール」の伝説的シェフ、ベルナール・ロワゾー氏の絶大なる信頼を受けた『アッシュ』の総料理長、山口浩さんは、この神戸北野ホテルの総支配人でもある。

「ホテルですから、チェックインからチェックアウトまで。通常のレストランより長いスパンで、おいしさというものを、考えることになります」。料理は、おいしさを演出するツールのひとつと位置づけられる。

清潔なリネン、気持ちのいいバスローブ、格調高いインテリアも、おいしさをかたちづくるもの。ロビー、客室の家具、調度品は、イギリスで誂《あつら》えたもの。大理石の洗面台や、猫脚のバスタブを備えた部屋もある。ソープ類はロンドンのモルトンブラウン社製。世界のセレブの御用達で、海外ではほんのいくつかのホテルでしか、置くことを許されていないそうです。

そんな贅沢な空間と時間に組み入れる料理なら、やはりヨーロッパの正統、フレンチ、それも、ひとつひとつのプロセスに手間をかけた、グランメゾンの料理でなければと、山口さん。

宿泊するので、夕食と並んで朝食もだいじ。「世界一の朝食」とうたわれる、ベルナール・ロワゾー氏の朝食メニューを、中庭でいただく。氏のメニューを提供することが、ここでは公式に認められているそう。

焼きたてのパン、特製ジャム。「大ホテルと、B&Bのような宿に二極化していく中で、こういうスタイルのホテルは不要なのかもしれないけれど、オンリーワンでありたい」と山口さん。そこでなければならない何かがあるという存在に。

宿泊客には、神戸の人も多いといいます。食事だけして帰ることも、地理的にはじゅうぶんできるのに、あえて、ステイという楽しみ方を選ぶ。そんなところにも、町の成熟度を感じるのでした。

くつろぎのサイズ

料理番組や本で知ったシェフ。店を訪ねてみたら、意外なほど、こぢんまりしたところだった。そういう例が、いくつもありました。

『アルポルト』にはじめて来た人も、似たような印象を受けるかもしれない。シェフの片岡護《かたおかまもる》さんの精力的な活動ぶりに比すれば――。

たいていの場合、その意外性は満足に変わるのです。この店も、まさにそう。シェフもホールスタッフも、それぞれにプロとしての誇りを持ちながら、気取らず、温かくて、そこがまたイタリア的。

開店から二十年以上、ましてや片岡さんほどの知名度があれば、店を大きくすることも考えられそうだけれど、「人の性格はそれぞれで、自分には、それは向かない」と。経営者にはなりきれない、あくまでも食そのものに、作ることに関わっていたいと。

たしかに、席数が多くては難しいかもしれない。コース料理の品数は多い。アットホームなこのサービス、この雰囲気を保ちつつ、的確なタイミングで供するには、厨房とホールとが、よほど密な連係を取っていなければ。

パスタをたっぷり食べたいから、アンティパストを二品減らしてなんて注文も、できる限り受けるという。続けて来ても、同じ料理を食べることにならないよう、出した料理を、お得意さまリストに記しておく。そうしたこまやかな対応ゆえか、リピーターが多いそう。開店以来のおつき合いの客も、少なくないとか。

そのためには、今のがちょうどいいサイズなのでしょう。

表通りからちょっと入った、閑静な住宅街にある。当時は、都会のレストランにはめずらしい一軒家。大家さんがビルに建て替えたのちも、ビルの地下におさまって、場所そのものは、創業時と変わらない。

『アルポルト』とは、イタリア語で「港にて」。ミラノに同名の店があるそうです。海の幸の専門店。入り口の両側に、新鮮な魚介類が並んでいて、その中から選び、思い思いのスタイルで料理してもらう。総領事館にいた頃に、その店が気に入って、研修もさせてもらった片岡さん。東京で店を持つことになったとき、同じ名を使わせてくれるよう、オーナーに頼みにいったそう。

港は、人生の出発点や終着点の象徴だ。波の高いときは、ひととき身を寄せ、避難するところでもある。

そう、ここは常連のお客さんにとって、帰ってくる場所なのでしょう。くつろいで食事をすれば、疲れも癒えて、次なる船出の準備もできる。気持ちのいい店で、おいしいものを食べるのは、ほんの数時間で幸せになれて、心も安らぐ、もっとも早くて確実な方法だから。

年を重ねるにつれ、若いときは知らなかった苦しみや責任も抱えるようになるけれど、自分にとって港と思える店があったら生きやすくなるのかも。そんなことを、しみじみ考えたディナーでした。

まとめ

大人の店での集中Ｌｅｓｓｏｎは二〇〇一年五月から二〇〇三年三月にわたって行われました。

四十になるかならないかの私には、分不相応なお店もあったかもしれないけれど、背伸びをしてでも行っておいてよかったと思う。

かつて留学を考えていた私に、年かさの女性は言った。「したいと思っても、いろいろな理由でできなくなるときだってあるから、できるときに、頑張ってしておくのがいちばん」と。同じことが、食の体験についても言える。

今の私は、原則、家で作っている。

ようやっと、そのよさを知りかけた大人の社交場から、早くも身を引いてしまったと、周囲から思われているし、「こんなに選《よ》りどりみどり、おいしいお店がたくさんあるのに、行けないなんて」と気の毒がられることもある。

それはたしかにそうだけれど、でも私には、「仮にあのときぎりだったとしても、一流といわれる人たちの仕事に、身に余るほどふれさせていただいた。存分に味わった」という満足感がある。

そこで学んだことは、グランメゾンという非日常の空間だけで終わってしまうものではなかった。日常における食事作りでも、生かされている。例えば素材。築地まで仕入れにいくわけではないし、行ったところで選ぶ眼は、私にはないけれど、素材の味を、だいじにする姿勢というか――。

同じお金でも、調味料にかけるよりは、そのぶんを、いい素材にあてたい。「いい」の内容も、鯵《あじ》より鯛《たい》をという、高級魚志向ではなくて、鯵の中でも鮮度の高いものを、干物の鯵なら、添加物がなく、塩だけで作った、ごまかしのないものを。

プロの仕事に対する畏敬《いけい》の念も、以前より強まった。家で作るようになってからも、お造りだけは、どううまく切ろうとしてもかなわず、お造りに仕立てたものを買ってきている。包丁を引く速度や、魚の身にあてる指の温度まで、違うのではないかしら。

ホスピタリティのたいせつさについても。一度の縁に終わるかもしれない客でも、そこにいる時間は、できる限り気持ちよく過ごせるよう、ベストを尽くす。食事という場でなくても、通じることだと思います。

もちろん、店という場から、完全にリタイアしてしまったわけではありません。今もたまーの外食を自分に許しています。私の食生活と合う店で。

たまのことだから、二時間半なら二時間半にかける期待は高いし、行けば心から楽しむ。費用対効果は、前よりもよくなったくらいかも。

そんな現状報告を付け加え、レッスンのまとめといたします。

装丁／後藤葉子
本文デザイン、ＤＴＰ／クリエイティブ・サノ・ジャパン
撮影／榎本修、石井宏明、上野敦、伊藤千晴
校正／江畠令子
編集／飯沼年昭、真田晴美

本書のプロフィール

本書は、雑誌『THE GOLD』（株式会社ジェーシービー）二〇〇一年五月号〜二〇〇三年三月号に掲載された連載記事「美味に恋して魅せられて」に加筆して再構成したものです。
また、64〜75Pは、『dancyu』（プレジデント社）二〇〇二年十二月号の記事「生粋の京都人がとっておきを案内。季節の美味を堪能する、大人の旅」に加筆したものです。

食《しょく》というレッスン

著者　岸本葉子《きしもとようこ》

二〇〇五年十二月一日　初版第一刷発行

編集人――飯沼年昭
発行人――佐藤正治
発行所――株式会社　小学館
〒一〇一-八〇〇一
東京都千代田区一ツ橋二-三-一
電話　編集〇三-三二三〇-五六一七
販売〇三-五二八一-三五五五

印刷所――図書印刷株式会社

造本には十分注意しておりますが、万一、落丁・乱丁などの不良品がありましたら、「制作局」(☎〇一二〇-三三六-三四〇)あてにお送りください。送料小社負担にてお取り替えいたします。(電話受付は土・日・祝日を除く九時三〇分～一七時三〇分までになります。)

ISBN4-09-402473-5

小学館文庫